シルバー・ジョーク

笑う〈顔〉には福来る

Ugaya Masahiro
烏賀陽正弘

論創社

はじめに

ユーモアは喜びと知恵の宝庫

人生には、大事な節目がいくつかある。その如何によって人生が大きく変わる。例えば、学校卒業とか就職、結婚、出産などと色々あろうが、とりわけ人生の一大転換期となるのは定年だ。というのは、限られた余生をどのように送るかが、切実で深刻な問題となるからである。

日本での定年は、60歳から65歳に徐々に引き上げられているものの、通常、会社勤めなら60歳で定年を迎える。中には定年を待ち望んでいる人もあれば、定年になってから何もすることなく、思案に暮れている人もいる。この定年を、「大きく変わるのは、小うるさい上司からワイフだ」と皮肉くる人さえいる。

年を取ると、様々な悩みに取り付かれる。肉体的な衰えや記憶力の減退、それに精神的苦痛、金銭の減少などと数多い。そのような境遇の中にあって、私たちを救ってくれるのが、ユーモアがもたらす笑いだ。

これはユーモアで救われた私の経験談である。アメリカの取引先に、人をからかうのが好きな人がいた。彼が来日したので、始業時間の9時に会社で会う約束をした。当日、うっかり朝寝坊をしてしまったので、15分ほど遅れた。息をきって事務所に着くと、彼はすでに私の机の横で待っている。

周りに気付かれぬように、背を低くして入ってくる私を見るなり、彼は大声で、「グッド・アフターヌーン！」と聞こえよがしに叫ぶのだ。その声で、同僚の視線が集まり、私が赤面したことはいうまでもない。もちろん朝だから、「グッド・モーニング」というところだが、意地悪くからかったのだ。

しかし、ここでムキになってはいけない。赤恥をかかされた私は、ぐっと我慢をして、復讐のチャンスを狙っていた。翌日、昼食の約束をしていたが、時間厳守の彼が、交通渋滞に巻き込まれて、約束時間よりも10分遅れてきたのだ。そこで私はすかさず、「グッド・イブニング！」とやり返したものだから大笑いとなった。これですっかり打ち解けた仲となり、懸案の大口注文をもらうことができた。

ユーモアは喜びと知恵の無限の宝庫である。それだけに、そこから様々なメリットが得られる。アメリカの言い伝えに「笑いに如《し》く、薬はない」というのがある。ユーモアがもたらす笑いは、気分や精神を和ませて、人を癒し、幸福感を呼ぶ薬のような役目を果たす。たとえ病気にかかっていても、精神的に落ち込んでも、笑えば、不思議と痛みや苦しみを忘れ、気分が明るくなる。笑いはいろんな心の束縛や閉塞感から解放してくれるだけでなく、困難や逆境に直面しても、それを乗り切れるだけの気力をつけさせ、心も豊かにしてくれるのだ。

政治や哲学、あるいは文学上の難しく退屈な議論や講釈よりも、適切でタイムリーなジョークで笑わす方が、遥かに説得力がある。ユダヤ人の格言で「笑い声は、泣き声よりも遠く届く」と、笑いの効果を的確に表現している。

さらに、笑いが、実際に病気に打ち勝つ免疫力を高めるという報告もなされている。免疫を担うリンパ球のＮＫ（ナチュラル・キラー）細胞は、感染症を引き起こすウイルスやがん細胞を退治する力を持っているが、笑いは、これを活発にさせるという。

このように笑いは、年齢からくる逆境や落ち目にあっても、肉体的に精神的に若返りさせる多くの効能がある。まさに「笑う門《かど》には福来《きた》る」のだ。

ところで、世界中でシルバーに関するジョークはごまんとある。本書で紹介するそのジョークには、自分自身を必要以上に痛めつける自虐的なものが少なくない。老齢者の肉体的・精神的欠陥や短所を、ことさら取り上げる。

例えば、記憶力の減退、難聴、視力低下、入れ歯、性力減退、肥満などである。どれもが、高齢になれば経験する悩みや弱点だ。それを指摘されて、不快な思いをする人もいようが、そこがユーモアである。笑い飛ばすことで、テンションを和らげて楽しくなり、物の見方も大きく変わってくるのだ。

ジョークの神髄

アメリカ人が日常よく使うのは、本書で紹介するジョークである。ジョークは、通常、シチュエーション、つまり状況や場面を説明する前段のストーリーと、結びのオチとの2つから構成されている。アメリカでは、この最後のオチのことを、「パンチ・ライン（punch line）」と呼んでいる。

「パンチ（こぶしの一撃）」という語が示すように、「結びの言葉（ライン）」が、とりわけ大事なポイントである。つまりストーリーを話した後で、最後に言葉の「一撃」を加えて結ばなければならない。ここはジョークの生命線ともいうべき部分なので、相手が予期や想像すらしないような結末に、すればするほどいい。

ジョークは、このようにストーリーとパンチ・ラインの2段構成になっているが、そこに使われる常套手段として、決まった型がいくつかある。「どんでん返し」や「矛盾」など、そのパターンを覚えておくと、ジョークが非常に理解しやすくなり、大いに楽しめる。

中でも、「どんでん返し」は、ジョークのパンチ・ラインとして、一番よく使われる手ではないかと思う。相手が予想や期待していないような結末を持ってくる。最後に突然、相手の虚をついて、驚くような強烈なパンチを浴びせるのが、優れたジョークの必須条件である。それを次の「矛盾」も含んだ例で示そう。


2人の年取ったユダヤ人が一緒に散歩に出かけた。すると、雨が急に降り出した。ところが傘を持った方が、一向にさそうとしない。そこで、

「早く、傘をさせよ！」

と催促すると、彼は、

「だめなんだ。傘にいっぱい穴が開いているから」

と答えた。驚いた友人が尋ねた。

「じゃ、一体、そんな傘をなぜ持ってきたんだ？」

「雨が降るとは思わなかったからさ」

なお、ここで断っておきたいのは、筆者は本書の中に多く登場する老齢者であることだ。彼らのような老齢からくる短所を持ち合わせているだけに、この世代への愛情と悲哀をひとしお感じている。

また私は、100か国超を訪問し、米中両国に計25年間も住んでいたので、それを基に多くのジョークを世界各国から集めている。それにユーモラスな小話やエピソード、賢人の金言などを数々添えながら、ジョークを盛り立てて、存分味わえるようにした。また筆者の体験談を、恥も外聞もなく披露し、参考に供している。

なお、わが国にも川柳、漫談や落語などといった優れたユーモアの伝統と文化がある。中でも川柳や漫談には、シニアに関するものが多く、ジョークの笑いとの共通点が少なくない。とてもユーモラスなので、それを随所に対比させながら、ジョークの面白さを引き立てることにした。

一例として、ジョークの「どんでん返し」と同じような手法の川柳に、「単身

赴任　電話の声が　明るすぎ」（『サラリーマン川柳』）という秀作がある。夫の赴任先からの電話が、落ち込んでいると思いきや、むしろ明るく弾んでいるので、留守宅の妻は穏やかでないのだ。逆に、「出張を　見送る妻の　眼が笑う」（同書）という冷笑的なものもある。

ただ、川柳と漫談とジョークの違いは、ジョークには、通常、起承転結《きしょうてんけつ》のストーリーがあるのに対し、川柳や漫談はフレーズが短いものの、急所を外さない面白さが込められていることだ。

本書によって、シニアの人生が一層楽しくなり、よりハッピーになれば、筆者の望外の喜びとするところである。

２０１５年８月、東京都港区にて

烏賀陽《うがや》正弘

シルバー・ジョーク◉目次

第2章

健康維持

第5章 若返るには 155

結び　201

第1章 人生全般

定年で変わる人生

定年退職をして、それまでの人生と違った喜びと楽しみがある。会社勤めをした人なら、在職中、気の合わない上司に巡り合ったこともあるだろう。例えば、その上司は、周りの意見に耳を貸さずに、独断的な判断を下したり、部下のことは一向お構いなしに、専ら上役のゴマをすっている。あるいは、部下が嫌がるのに、酒の席に無理につき合わせるのだ。

定年後は、そのようなイヤな上司のご機嫌を伺うこともなく、自分流の人生を好きなように、自由に楽しめるメリットがある。決まった時間に起きて、満員電車に揺さぶられて通勤する必要がなくなる。好きな時間に起きられ、食事もできて、毎日昼寝もできる。自分の趣味が陶芸や絵画であれば、時間にとらわれることなく、心行くまで楽しめる。

また、メジャーリーグの試合をテレビで観戦するのが好きなら、実況中継があるのは主にウイークデイの午前中（現地時間は夕方）なので、勤務中の会社勤めならば、観られないが、定年退職者はそれが楽しめる。

例えば2013年7月28日（現地時間）に、松井秀喜選手の劇的な引退式がヤンキー・スタジアムで行われた。これが始まったのが、日本時間の月曜日午前2時であり、一般のサラリーマンであれば、当日の勤務があるので、とても起きて楽しめないだろう。私の場合は、事前に夕方から寝て、それに備えることができた。あるいは2013年8月21日、イチロー（本名、鈴木一朗）が、記録的な日米通算4000本安打を、トロント・ブルージェイズのナックルボール投手、R・A・ディッキーからレフト前に打った時も、平日の午前（日本時間）である。私はその劇的瞬間と、イチローが観客やチームメイトから、心暖かく祝福される感激的光景をリアルに見られた。その際、対戦相手チームの守備に就いていた、川崎宗則《むねのり》二塁手までも笑顔で拍手を送っていた。

海外のゴルフやヨーロッパのサッカーなどのビッグ・イベントも早朝なので、それらをリアルタイムで観られるのは、これまた定年退職者の特権といえよう。このように彼らは時間を自由に満喫できる。好きなことが好きな時に、好きな所で自由にできれば、現役で活躍した頃と、まったく違った幸福感が味わえるのである。

そのことを、ある老齢者の山登りのベテランは、いみじくも「私たちの特権は時間だ」と語り、日本アルプスに登山して言った。

「天候が悪くなると、天気が回復するまで、自分たちだけは、時間を気にせずに、何日間もじっと辛抱強く待てる。ところが若い人たちは、翌日の勤務や約束があるので、悪天候を押して無理に下山し、遭難することが少なくない」

このように、定年退職者は、誰からも束縛されずに、時間を好きなように作り出せるので、その貴重な時間の特権を、大いに活用したいものである。アメリカの諺は、「定年は愚者《ぐしゃ》にとっては監獄だが、賢者にとっては天国だ」とうまく表現している。そこで、ジョークを1つ……。

定年になった男が家にいると、妻から家事を手伝うように言われて、うんざりしていた。そこで彼は、何とか病気のせいにしてサボろうと思って、医者の

所に行った。

「先生、ワイフから家事を言いつけられると、すぐ疲れて、だるくなります。どこが悪いのか、調べてほしいのですが……」

検診後、先生は告げた。

「どこも悪くありません。だるいのは、あなたが怠けているからですよ」

男は頼んだ。

「先生、妻に説明できるような病名で、それを教えていただけませんでしょうか？」
▼れっきとした病名であれば、妻に言い訳が立つ。

人生で成功する縮図とは？

年齢別に成功をする重要ポイントを要約すると、みんなが経験するパターンは、次のようになるのではないだろうか。

3歳でおむつを外す
4歳でパンツに、オシッコをもらさない
12歳で友達ができる
18歳で運転免許証を取得している
20歳でセックスをする
35歳でお金ができる
50歳でお金がなくなる
60歳でセックスができなくなる
70歳で運転免許証を手放す
75歳で友達がいなくなる
80歳でパンツに、オシッコをもらすようになる
85歳でおむつをする

▼つまり、中年の金儲けをピークに、人生は繰り返される。幼少時の成功が老年期には失敗になってあらわれる。

高齢者の性格上の特徴は、5つに分けることができるという。すなわち、円熟型（過去を後悔することなく、未来に対して希望を抱く）、安楽型（消極的で、現実を受け入れる）、防衛型（若いときの生活水準を維持しようとする）、憤慨型（老いに対する不満から、他への攻撃となって、怒りっぽくなる）、自責型（人生を失敗だったと考えて、ふさぎ込む）である。

これをさらに、おおまかに2つのタイプ、すなわち楽観主義と悲観主義に分類できるのではないかと思う。それについて、こんなジョークがある。

ユダヤ人の老人には、悩みはつき物である。これはアメリカの友人が語ってくれた実話である。

彼の兄が重い病に倒れたので、早く回復できるよう、ラバイ（ユダヤ教の聖職

者、ヘブライ語ではラビ）に祈祷を頼んだ。

ところが、驚いたのは、別れ際にラバイが彼に投げかけた言葉だった。元気付ける言葉かと思ったら、意外にも、

「どうか、もっと悩みがありますように！」

と言ったのだ。兄の病気で非常に悩んでいるのに、もっと悩めとは何事かと、そのわけを聞くと、ラバイの返事は含蓄に富んでいた。

「人の悩みは、絶えず起こる日常のストレスにしか過ぎず、多くの悩みを抱えている方がむしろ普通だ。1つだけにこだわると、それに心をすっかり奪われて、問題をますます深刻化させ、かえって身を滅ぼす。多くの悩みを抱えている方が、気分が分散していいからだ」

それを聞いて、友人は兄のことばかりを心配して、ろくろく仕事に手がつかなかったのが肩の荷が下りて、精神的にとても楽になったという。

▼これは逆説めいた話だが、ユダヤ人が悩みをどのように考え、どんな対処法を考えているかをよく示している。

夫婦仲

夫婦も長年連れ添うと、いろいろトラブルが起こるものだ。一緒に暮らすと、お互いの欠陥や短所が鼻についてくる。そこでジョークで……。

夫が退職すると、妻はパートでなく、常勤者となる。

定年退職をすると、いやな上司がいなくなって、ほっとしたら、今度は、うるさいワイフである。

「定年で　妻出かけて　留守がいい」（『サラリーマン川柳』）

漫談士、綾小路きみまろは、慢性不況の中にあって、生活や人生に疲れた中高年を、辛辣に風刺するのが得意だ。それが聞き手の反感を買うどころか、むしろ彼らの笑いを誘って、ストレスを吹き飛ばし、広い人気を呼んでいる。例えば、

家に帰れば、有効期限の切れた亭主と、賞味期限の切れた女房がにらみあう。

「何が食べたいの」と聞くだけ聞いて、いつものおかず。

次にこんな話はどうだろう。

有名な医者が、大勢の聴衆を前にして講演を行った。
「毎日食べているものは、私たちを殺しているのです。赤肉はホルモンで汚れ、ソーダ水は胃壁を痛めます。脂肪分の多い食品はメタボリック・シンドロームにつながり、水道水も黴菌《ばいきん》や化学物質でひどく汚染されています。皆さん、食べ物の中で何が最も有害で、体に悪影響を与えるとお考えでしょうか？」

と医者が聞くと、最前列にいた年取った男が、大きく手を挙げて叫んだ。

「それは結婚式の時のケーキです！」
▼つまり、結婚したことが、体に最も悪影響を及ぼしたというわけだ。

ある男が友人と2人でゴルフをしている最中、グリーンにまさに乗せようとしたとき、葬式の車の長い行列が通り過ぎた。そこで彼はスイングを途中で止め、帽子をおもむろに取って、それに向かって深々と黙祷を捧げた。

驚いた友人は、彼をほめた。

「こんな感動的な光景を見たのは初めてです。あなたは実に、心のやさしい人ですね！」

「ありがとう。実は、ぼくたちは35年も結婚していたからね」
▼妻の葬式だった。見事などんでん返しである。

スミス夫妻がミュージカルを見に行った。そのミュージカルの人気は高いので、その切符を手に入れるのは難しく、高値のプレミアムが付いていた。2人が席について、気が付くと、後ろの席が1つ空いている。スミス夫人が、その空いた席の隣に座っている老婦人に尋ねた。

「売り切れるほど人気の高いミュージカルなのに、どうして席が空いているのでしょうか？」

「亡くなった主人の席です」

驚いた夫人は、失礼なことを聞いたと謝ったが、その数分後、振り向いて聞いた。

「せっかくの空席に、どうして友人か親戚の方をお招きにならなかったのですか？」

老婦人はそっけなく答えた。

「みんな、夫の葬式に行っているのです」

老人ボケ

物忘れは、誰でも大なり小なり経験することだが、加齢に伴って、その度合いがひどくなるようだ。それを反映するかのように、シルバーに関するジョークは、後で触れる記憶力の衰えに関するものが圧倒的に多い。

年を取ると記憶力が衰えると、世間では一般に「老人ボケ」と片付けてしまう。だがこれは、老年期に生ずる認知症、つまり老人性痴呆症とは大分違うようだ。老人ボケの概念は非常に広く、一部にだけ認知症を含んでいる。因みに認知症は、老人病の度合いが進んだ病気であり、「正常な知的機能が、後天的な脳の障害により低下した明確な病的状態」と、病理学上規定されている。

老人ボケの中で最も顕著な症状は、この物忘れである。それも経験自体から、時間、場所、人物などを忘れて認識力を失う「失見当識」である。

この認知症を判断する基準として、2013年8月にノースウェスタン大学のエミリー・ロガルスキー助教授が行った調査が興味深い。彼女が行った調査結果によれば、45歳から65歳までの人において、認知症初期の症状がまず現れるのは、著名な有名人の名前が分からなかったり、見分けがつかないことだという。

驚くべきことは、その有名人として取り上げられたのが、ジョン・F・ケネディー、プリンセス・ダイアナ、エルビス・プレスリー、アルベルト・アインシュタイン、ウィンストン・チャーチル、ビル・ゲイツなどと誰でも知っている名だたる人たちである。

認知症初期の人30人と、認知症にかかっていない人27人をそれぞれ2つのグループに分けて、彼らを対象に有名人の判別を試みたところ、認知症初期の人の79%は著名人を識別できたが、45%はその名前が言えなかった。それに対して、認知症にかかっていない人は、97%が著名人を識別できて、93%が名前を言うことができたという。なお、被験者の平均年齢は、グループそれぞれ62歳である。

シニア・モメントとは

その中で誰もが経験するのは軽度の物忘れであり、それを表す英語に、〝senior moment（シニア・モメント）〟という面白い表現がある。これを直訳すれば「老齢者の瞬間」だが、中高年によく見られる「物忘れ」を意味する。

この語が「シニア（老齢者）」と謳っていることから考えても、物忘れは若い人にも見られないことはないが、より老齢者によく見られる傾向であるようだ。誰でも経験することだが、部屋に入ってから、なんの目的で入ったのか分からないことがある。また財布や携帯電話をよく探す。特に忘れることが多いのは、人の名前や数字、漢字である。この軽度の物忘れが高じると、認知症に進むといわれている。

筆者が最近経験したシニア・モメントがある。50年ぶりに高校同窓会を開くというので、旧交を温めるべく参加することにした。場所は、日比谷公園の10円カレーで有名な松本楼である。その開催日は金曜だったが、その前日に銀行とのアポイントがあったので、その日と重なっていると錯覚して会場まで行き、受付で間違いを指摘されて恥を掻いた。

そのことを、同窓会で久しぶりに会った友人に話すと、彼は、家に帰ったらワイフに「同じ間違いをアイツもやっているよ」と報告し、喜んでいた。どうやらシニア・モメントは、中高年者の通弊であるようだ。

アルベルト・アインシュタインは、物忘れがひどいことで有名だった。彼がアメリカ、プリンストン大学で教べんを取っていた54歳の時の話だ。

アインシュタインはプリンストンから汽車に乗っていた。車掌がキップを切りにやってくると、アインシュタインは上着のポケットを探したが見当たらない。そこで、ズボンからカバンまで懸命に調べたが、どうしても見つからない。

そこで車掌は、

「アインシュタイン博士、あなたが誰かは誰でも知っていますよ。切符をお買

いになったのは間違いありませんから、心配しないで下さい」

と言って立ち去って、ふと振り返ると、博士は椅子の下をのぞいて、まだ探していた。そこで車掌は、繰り返した。

「アインシュタイン博士、もう心配しないで下さい。あなたが誰かはよく知っています。切符をお買いになったのは間違いありませんよ」

アインシュタインは車掌を見つめて答えた。

「僕がアインシュタインだということは、僕もよく知っているよ。知らないのは、どこへ行くかなんです。それで切符を探しているのです」

日本人だけでなく、アメリカ人も結構ゲンをかつぐ。例えば梯子の下をくぐってはいけないとか、黒猫が前を横切るとゲンが悪いなどと様々だ。中でも興味深いのは、物事がうまく運んでいるときに、木製の机などを指や拳で2、3回コンコンと叩くことだ。それは幸運が続いている際に、それを口にしたり自慢すれば、木をノックしない限り、不幸がやってくるという、いわれから来ている。これを念頭に入れて、次のジョークのオチが分かろう。


3人の老女が、加齢の苦しみを話し合っていた。1人は、

「冷蔵庫の前で、マヨネーズの容器を持ちながら、それを冷蔵庫に仕舞うのか、それともサンドイッチを作るのか分らなかった」

と言う。2人目は、

「階段の途中で、上っているのか、降りているのか、迷うことがあるわ」

と語った。最後の女性は、

「あなたたちと同じような問題がないので、私はとっても幸せよ」

と言い、木製のテーブルを拳で数回叩いた。その直後、彼女は叫んだ。

「あれ！　誰かがドーアをノックしているから、開けるわ！」

80台の老人が定期健診のため医師の所に行った。

「先生、最近とても忘れっぽくなっているんです。どこに住んでいるのか、ど

こに車を停めたのか、店に買い物に行っても何を買いたいのかを忘れ、レジカウンターで財布がないことに気付くのです。こんな具合で、とても記憶力が悪くなっています。どうしたらいいでしょうか？」

先生は一息ついた後で答えた。

「先に診察料を払って下さい」

60歳代の夫婦が、ドライブに出かけて、郊外のレストランで食事を取った。レストランを出てから50キロも離れてから、妻が眼鏡をレストランに置いてきたと言い出した。夫は怒って、

「どうして眼鏡を忘れたんだ。今から取りに行って、戻ってきたら1時間は優にかかるよ。これで今日1日は、台無しだ！」

レストランに戻ってからも、夫はぶつぶつ不平を鳴らしている。ドアを開けて、外に出ようとした妻に言った。

「すまんが、僕の帽子もついでに取ってきてくれ」

これも物忘れで名高いアルベルト・アインシュタインのプリンストンでの実話だ。ある日、タクシーに乗って帰宅しようとしたところ、自分の住所を忘れてしまった。乗客のアインシュタインを見知らない運転手に、

「アインシュタインの家を知っていますか？」

と聞いたら、運転手は、

「アインシュタインの家なら誰でも知っていますよ。彼に会いたいのですか？」

と答えたので、驚いたアインシュタインは、

「僕がアインシュタインですよ。住所を忘れたので、そこに送って下さい」

運転手は彼を無事家まで届けたが、バツが悪かったのか、運賃を取らなかったという。

忘却が大金になった話

名画『君の名は』で有名になった「忘却とは忘れ去ることなり」の言葉が、現実に大金になった実話がある。

2012年4月、アメリカのサンディエーゴ市で中国人学生、ダニエル・チョンがDEA（連邦麻薬取締局）の家宅捜査で、9人とともに検挙され、拘置所の狭い独房に入れられた。手入れの結果、多数の幻覚剤やマリファナ、それに拳銃や銃弾が見つかった。しかし、彼はたまたまその友人の家を訪問しただけで、悪党の仲間ではなかった。

ところがチョン氏は、独房に放り込まれたまま、4日間も放置され、食べ物どころか水すらも与えられず、自分の小水でしのいだ。当局から完全に忘れ去られたのだ。彼は4日後、排泄物にまみれた脱水状態でようやく救出された。

そのむごい仕打ちに対し、DEAを訴えた結果、410万ドル（約4億1000万円）を勝ち取った。まさに忘却という普通ならば大目に見られる「うっかり」が、大金と化したのである。なお、彼はその金でアメリカでの学業を続け、中国の母親に家を買ってあげたという。

認知が進むと

65歳以上になると8人に1人は「シニア・モメント」が高じて、認知症になり、「記憶」の他に「見当識」や「知能低下」などの認知の障害が顕著に表れる。そこで、こんな笑い話ができる。

老人が検診結果を聞いたところ、医者が言った。
「検査結果が出ました。残念ですが悪い知らせがあります。癌にかかっている上に、アルツハイマー病になっています」

老人は答えた。

「よかった！　少なくとも癌にかかっていなくて……」
▼初めに言われた癌にかかったことをすでに忘れている。なお、アルツハイマー病とは、認知機能低下をもたらす症状で、その典型は老人性痴呆症。

ある老人が医師の所へ行って、健康診断を受けた。徹底的な検診の結果、医師は彼に言った。

「言い知らせと悪い知らせの両方があります」

患者は懇願した。

「ともかく悪い方の知らせを、先に教えていただけますか？」

「実は悪性の癌が見つかり、余命は後2年しかありません」

「私の人生が後2年で終わるとは、とても信じられません！　ところで、いい知らせとは一体なんでしょうか？」

医師は答えた。

「3カ月もすると、あなたはアルツハイマー症にかかり、さっき私が言ったことをすべて忘れますよ」


3人の高齢者が記憶力のテストを受けた。初めの1人に医師は聞いた。

「2×2はいくつですか？」

「177です」

2人目の老人に聞いた。

「2×2はいくつですか？」

「水曜日です」

次に同じ質問を3人目の男にしたところ、

「4です」

と正確に答えたので、医師は驚いた。

「どうして、正確に答えられたんですか？」

3人目の男は答えた。

「177から水曜日を引いたんです」


夫がゴルフ狂なので、妻が絶えず不平を鳴らしている。

「あなたはゴルフのことしか頭にないわね。私たちが結婚した日のことを覚えていないでしょう」

夫は頑として否定した。

「覚えているとも！　その日に、12メートルのパットを沈めたよ」


2人の老女が車でドライブしていた。2人とも目が不自由で、計器盤の先がよく見えない。交差点に差しかかったとき、赤信号にもかかわらず通過してしまった。助手席に座っていた方の老女は、つぶやいた。

「錯覚かしら？　さっきは赤信号だったと思うんだが……」

次の赤信号でもドライバーは無視して通り過ぎたので、彼女の目が不自由ではないかと思い、注意していると、また次の赤信号も無視したので叫んだ。

「エメリー！　赤信号を3つも無視したのよ！　私たちは殺されるところだったわ」

エメリーは答えた。

「いやだあ！　私、運転していたの？」


老齢の男が、高速道路を運転していた。そこへ妻から携帯に電話がかかってきた。切羽詰まった声で、注意した。

「あなた！　今さっきニュースで高速道路を1台の車が逆走していると知らせていたから、気を付けてね」

夫は答えた。

「1台だけじゃない。何百台もこちらに向かってくるよ！」
▼彼が逆走していた。

3人の老人が、汽車のプラットフォームで、あまりにも話に夢中になっていたため、駅員の発する発車アナウンスが聞こえなかった。だが、汽車が離れる瞬間、辛うじて2人だけが飛び乗った。駅員が残った1人を慰めるため、声をかけた。

「ご安心ください。2人とも運よく乗れましたが、次の列車は1時間後に来ますよ」

残された老人は答えた。

「実は、あの2人は私を見送りに来たんです」

▼乗るはずの老人が取り残されていた。

ニューヨークの旅行代理店のオーナーが、自分の店先で懸命に観光案内の張り紙に見入っている、老齢の男女がいるのを見かけた。2人とも悲しそうな面持ちで見とれているので、オーナーは景気がいいのが手伝って、気前の良さを示すことにした。そこで2人を店内に招き入れて言った。

「お2人の年金生活では、一流ホテルには泊まれないと思いますので、私の負担で2週間、ハワイへ招待しましょう」

思わぬ申し出に喜んだ2人は、彼の好意を受け入れ、切符をもらって、勇躍旅に出かけた。1か月後、店先を通りかかった、先の老女にオーナーが尋ねた。

「旅行はいかがでしたか？」

「フライトもホテルもとても素晴らしかったわ。本当にありがとう。ところで、一緒にホテルに泊まった、あの老人は誰でしょうか？」


年取った夫婦が、友人の家に夕食に呼ばれた。食後、妻たちが台所で後片付けをしている間に、2人になった男の1人が言った。

「昨夜、とても素晴らしいレストランに行ったんだ。是非、行ったらいいと思うよ」

「そのレストランの名前は？」

聞かれた男は思案の末、答えた

「どうしても思い出せないなあ。あの愛する女性にあげる、赤い花を何と呼んでいる？」

「カーネーションかね？」

「違う、違う」

「じゃ、ケシの花だろう」

「違う。赤くて棘《とげ》がある花さ」

「ローズだ！」

「そうだ。ありがとう！」

と言った後で、台所に向かって叫んだ。

「ローズよ。昨夜、行ったレストランの名前は何だったかね？」

この物覚えの衰えにどう対処したらいいのか。その方法について、いい話がある。アメリカ人の中には、物を忘れないため、指の回りに紐やリボンをチョウ結びにすることを勧める人もいる。これで、何で結んだのかを思い出せるのだ。手のひらに覚書を書くのと、同じ役割を果たす。
しかし、なんと言っても有効な手段は手帳に書き留めることである。その日や週に、なすべきことをリストにして、こまめに記したり、カレンダーや日記帳に付けたりするのも手である。それを川柳が、

「物忘れ　防ぐ手だてと　記録魔に」（『サリーマン川柳』）

とうまく描写している。
物覚えの衰えについて、こんな笑い話もある。

ある男やもめが、後家《ごけ》さんと7年間つきあって、逡巡《しゅんじゅん》の末、彼女に意を決して結婚を申し込んだところ、彼女は即座に「イエス」と答えてくれた。しかし、翌日、男は彼女の答えが思い出せないので、思い切って彼女に電話をかけることにした。

「恥ずかしい話だが、昨日、結婚を申し込んだあなたの答えが、どうしても思い出せないんだ」

彼女は答えた。

「よく電話をくれたわね。私が確かに『イエス』と言ったのを覚えているんだけど、誰に言ったのか思い出せなかったのよ！」

耳が遠くなる

年を取ると耳が遠くなるものだ。それについて、アメリカ人が紹介した次のいくつかのジョークがある。


2人の高齢者が朝食を取っていた。その1人が、相手に注意した。

「サム、お前の耳の中に座薬が入っているよ！」

「なぁに？　もっと大声で話してくれ。補聴器が壊れているようだ」

男は自分の耳を数回叩いて、サムにその場所を教えた。そこで座薬を取り出したサムは言った。

「やっと、補聴器を入れた場所がわかったよ！」
▼座薬と補聴器の入れる場所を取り間違えていた。

老妻の耳が遠くなったと思い、夫は彼女のかかりつけの医者に予約を取りに行った。２週間たたないと予約が取れないので、とりあえず、どの程度重症なのかをチェックする方法を教えてくれた。

「まず彼女と15メートル離れたところから、声をかける。反応がなければ、次は10メートル、さらに7メートル、ダメなら3メートルと、距離を次第に狭めて聞こえるかどうかをチェックして下さい」

夫は、その日の夕方、台所で夕食の準備をしている彼女に試すことにした。まず居間から台所に向かって叫んだ。

「夕食は何なの？」

答えがないので、さらに10メートル、ダメなので7メートル、3メートルと次々と声をかけたが、全く反応がない。そこで彼女の真後ろから、

「夕食は何なの？」

と声をかけたら、彼女は叫んだ。

「うるさいわね！　5回も、『チキンよ』と言ったでしょう！」

▼彼女の耳が遠いのではなく、夫の方が遠かった。

視力の衰退

中年になって悩まされるのは、目の障害、中でも老眼である。老眼は老視が正式名称だが、加齢によって水晶体の弾性が失われて、調整力が弱まり、近くの物に焦点を合わせにくくなる。眼鏡屋に行って「老眼鏡を買いたいのですが」と聞くと、「老眼」というのは聞こえが悪いので、「ああ読書用ですか？」と聞き直すのが良い客扱いだとされている。

眼鏡をかけている人が老眼になると、遠くと近くで眼鏡をかけ外したり、交換したりするので不便である。これを解消するために、遠近両用眼鏡があるが、これも1つの眼鏡で遠近が見えるので便利なものの、慣れるまで視野が揺れて感じたり、目が疲れやすくなり、視野が狭くなる欠点がある。


孫が祖父に聞いた。

「おじいちゃん、どうして眼鏡が3つもいるの？」

祖父は説明した。

「1つは普段かけている近眼のめがねで、2つ目が読書用だ。3つ目はその2つを探すためのものだよ」


年配の夫人が病院に苦情を申し立てた。その理由は、夫が同院で治療を受け

てから、セックスへの興味を全く失ったというのだ。それに対して、病院の院長が答えた。

「ご主人を当院の眼科医が検診して、視力を矯正しただけです」

▼視力矯正前は、ワイフがセクシーに見えていた。

歯が悪い

俗語に「ハメマラ」という言葉がある。男性の老化の進行状態を表現しており、老化現象は、まず「ハ（歯）」から始まり、歯周病で硬いものが噛めなくなったり、虫歯の悪化によって義歯が増える。次に「メ（目）」に変化が起こる。視力の低下や小さい字が読めない老眼の兆しが出る。最後にマラ（梵語で摩羅、陰茎の隠語）の衰え、例えばＥＤ（勃起不全）や尿のキレの悪さが始まる。

この語が示すように、歳を取ると、最初に困るのは歯である。おいしいものを食べて、味わうことは、老齢者の大きな楽しみの1つである。筆者は京都に行ったとき、南座角で、楽しみにしていた名物の「にしんそば」を食べたところ、前歯が折れた苦い経験がある。しかも、その週に講演をする予定があったので、あわてて歯医者に駆け込んで、差し歯を入れてもらったことがあった。

私が若い頃は、虫歯ができて歯医者に行くと、現在のようにその歯を残して細かい治療を施すことなどなく、すぐに抜歯されたものだ。そのため、老年になって気づいて見ると、奥歯がなくなって、食べ物が十分に楽しめなくなった。そこでやむなく、意を決し、高い代金を払って、2本のインプラントを入れた結果、食物を心置きなく味わえるようになった。歯は人生を楽しむ上で、それほど大事で貴重なものだ。

通常、年長者ならば、部分あるいは総入れ歯（有床義歯）をして、固いものを何とか咀嚼《そしゃく》している。そこで、それほど大事な入れ歯について、我が国と少なからぬ因縁があるその歴史を紐解くことにしよう。

入れ歯の歴史は古く、紀元前700年頃、北イタリアのエトルリア人が、動物や人間の歯を使って義歯を作っていたのが始まりだという。その史上、日本を有名にしたのは、世界最古の完全な入れ歯が日本で作られたことだ。7世紀に仏教とともに仏像用の蜜蝋《みつろう》技術が伝えられると、それを応用した木床の義歯が製作され、平安朝時代には僧侶中心に使われていた。江戸時代に入ると、専業の入れ歯師が現れ、庶民にも広く普及し始めたという。

最初の陶製義歯は、1770年頃、イギリスのアレッキシス・デュシャトーが開発したといわれる。アメリカの初代大統領、ジョージ・ワシントンは木製の総義歯を使っていたといわれているが、実は木製でなくカバの牙を原料にしており、それは彼の住居、バージニア州マウントバーノンの大邸宅に展示されている。

入れ歯に関するジョークは世界中に多くできている。わが国の川柳でも「入れ歯抜け　孫の茶碗に　ホールインワン」（作者不詳）や「歌う時　入れ歯のガタがリフレイン」（『シルバー川柳』）などとある。

ジョークのいくつかを紹介しよう。

あるレストランで、老夫婦が昼食を取っているのを見ていたウェイターが、不思議に思った。夫の方だけが、前菜からメイン・コース、デザートを次々と1人で平らげている。その間、妻の方は見ているだけで、何も食べようとしない。それを気にしたウェイターが彼女に聞いた。

「何かをお取りしましょうか?」

彼女は答えた。

「結構です。今、彼が私の歯を使っていますので」


ある政治家が選挙の票集め運動のため、老人ホームを訪れた。多くの報道陣の前で、ある老人が、机の上の鉢からピーナッツを取り出して、政治家に差し出した。

始め断ったが、何度もしつこく頼むので、老人に聞いた。

「なぜ、自分で召し上がらないんですか?」

「食べられないんです。歯がないから」

「じゃ、なぜ置いてあるんですか？」

老人は答えた。

「周りのチョコレートをなめているだけです」

食は広州にあり

老齢者にとって、食べることとは、これとない至上の喜びの1つである。歯を治療したり、入れ歯を入れたりするのも、この喜びを続けたいためだ。しかも、味覚は先天的な才能もあるが、やはり相対的であり、種々様々な料理を味わって比較することで、味覚は磨かれるものと思う。

中でも海外を訪れると、日本と違ったいろんな料理が味わえる大きな楽しみがある。私は香港に長らく住んでいたせいか、同地の広州料理は、和食やフランス、イタリアとともに並び称される、世界屈指の美味であると信じている。

香港は「食は広州にあり」といわれるグルメの世界的中心地である。世界でも有数の美味といわれる広州料理が堪能できる以外に、広州料理とともに中国四大料理（日本の一般的区分）に列される上海、北京、四川だけでなく、福建、潮州、客家（ハッカ）、湖南などの名だたる料理も楽しめる。

このように中国一流の料理が香港に集中するのは、香港が自由貿易港（輸入品は無税）であるためだ。中国大陸だけでなく、世界各地からの最良の食材が自由に、しかも安価に選べる。例えば、毎年6月になれば旬の果物、広東省の茘枝（広東語：ライチ）、10月には上海蟹と新疆ウイグル自治区の甘味の強いハミウリ（哈密瓜）が楽しめる。

その上、中国全土から一流の料理人が、高給を得ようと香港に集まってくる。一方、洗練された美味を求めて、外国から多くのグルメが訪れる。筆者もその一人で、毎年欠かさずに香港を訪問している。日本での一流の中国料理よりも、旅費を払ってでも、よりおいしい中国料理が安価に楽しめるからだ。

レストランの評価を星の数で表すことで有名なミシュラン・ガイドが、レストランを評価する基準として、まず素材の良し悪しを挙げる。どんなに調理法が上手でも、使う素材が悪ければ高い評価をしないという。

このことから香港の広州料理は、本場の広州よりも、あるいは他の上海や北京、四川などの本場の料理よりも、味が優れている。例えば、上海料理の典型と言われる小龍包（ショウロンポウ）は、現地の上海よりも香港の方がはるかにおいしい。

それを実感したのは、筆者が上海を訪問した時のことであった。小龍包で有名な豫園（ヨエン）商場内の「南翔（ナンショウ）饅頭店」で食べたところ、皮の薄さや具の豚肉、それに熱々の肉汁が飛び出す独特の味は香港に比べて劣っていた。つまり、料理人の腕前だけでなく、世界各地から最良の食材が自由に厳選できる香港と、使う素材が大きく違うのだ。

ところで、日本の諺で「風が吹けば、桶屋が儲かる」という。一見すると全く無関係と思われる物事に影響が及ぶ例えである。それに似て、ニューヨークの中華料理店は、クリスマスになるとユダヤ人で大繁盛するそうだ。中国人とユダヤ人とは、人種的にも文化的にも、まったく異質であるにもかかわらず、この結びつきがとても興味深い。

ユダヤ人はキリストを認めないから、クリスマスは祝わない。しかしアメリカの一般家庭ではクリスマスを盛大に祝うので、「12月のジレンマ」と呼ばれる疎外感を感じる。

一方、中国人も同様にキリストを信じる人は少なく、365日営業するほど勤勉であるから、他店は閉めても、クリスマスの休日に店を開く。そこでユダヤ人は、いきおい中国料理店に行って食事をとり、気分を晴らす習わしが長らくできたというわけだ。有名な話は次のようなものだ。


アメリカ合衆国連邦最高裁判所のエレナ・ケイガン判事はユダヤ人だが、彼女が上院司法委員会で就任の確認を受けた際、意地悪く、

「クリスマスはどこで過ごしましたか？」

と聞かれて、

「他のユダヤ人と同様に、中国料理店にいたでしょう」

と答えていた。

意外にも、それほど両者は、思わぬところで関係が深いのである。

ニューヨークならではの食べ物

ニューヨークの別名は「ジュー・ヨーク」である。というのは、ニューヨーク市民約800万人に占めるユダヤ人の割合は、約4分の1の約200万人と非常に高いからだ。イスラエルのテルアビブ市に次いで、ユダヤ人の人口が多いという。

ニューヨークのユダヤ人と切っても切れない関係にある食べ物は、〝lox and bagels（ロクス・アンド・ベーグルズ）〟だ。通称、〝ジューバーガー（ユダヤ人のハンバーガー)〟と呼ばれるほど、ニューヨークっ子に馴染みが深い。私のユダヤ人の友人はロクス・アンド・ベーグルズと聞いただけでも、よだれが出てくると話していた。

ロクス・アンド・ベーグルズは、ユダヤ人の移民が初めてニューヨークで紹介した食べ物であり、まさに同市の郷土料理と言えよう。ある識者は、丸いベーグルはユダヤ人の人生の楽しい循環を表し、ロクスは塩っぽい悲しみの涙を象徴するという。

「ロクス」とは、通常燻製されたサケ、スモーク・サーモンの切り身のことであり、「ベーグル」は「ドーナツ形の堅ロールパン」だ。このベーグルを半分に切って、その間にスモーク・サーモンの切り身を挟み、クリームチーズを塗り、その上に玉ねぎやトマトのスライスを載せて食べる。普通、朝食に供されるので、筆者はニューヨークに行く度に、ホテルでの朝食に必ずロクス・アンド・ベーグルズをとるほど、忘れられないおいしさである。

それについてジョークがある。

ユダヤ人の物貰いが、ねだった結果、1ドルをもらうや、デリカテッセンに駆け込んで、ロクス・アンド・ベーグルズを頼んだ。それを見た先の寄付者が、彼に向かって、

「そんな贅沢なものを買うために、あげたんじゃないよ！」

と言うと物貰いは答えた。

「お金がないときはロクスが買えません。あれば、あなたからロクスに使うなと言われます。一体、何時ロクスが食べられるのですか？」

▼それほどロクス・アンド・ベーグルズは珍重され、愛好される。

ニューヨークに行く度に楽しみにしているのは、先述のデリカテッセンに行って食事をとることである。デリカテッセンは、サンドイッチやハム、チーズ、サラダなどの調理食品を持ち帰りもできるが、主に食事をする所だ。いうなればコンビニとファースト・フードを併せたような店である。

もともとは、東欧系のユダヤ人移民が、19世紀後半にニューヨークで起業したのが始まりだとされているだけに、そこで出すものはコーシャに基づいた食べ物である。コーシャとは、ユダヤ教で定められた規則に基づいて、食べるに適した食べ物を意味する。

これは私たちが想像する以上に厳格で、食べ物の種類（特に獣肉）を制限するだけでなく、食肉処理も厳格なルールに基づいて行われる。電撃や撲殺は認められず、公認の専門家が、のどを一刀のもとに掻き切らなければならない。こうしたコウシャで特に有名な決まりが、豚肉を食べてはいけないことだ。したがって、その加工品のハムやベーコンを口にするのは禁じられている。

そのような特殊な民族的な食べ物ばかりではあるものの、ニューヨークのコーシャ・デリは実に美味である。私が好んで食べるのは、スライスされたパストラミを挟んだライ麦パンのホット・サンドイッチだ。パストラミは、ルーマニア系ユダヤ人が持ち込んだものであり、食塩水に漬けた赤身肉を乾燥させて、燻煙《くんえん》した後に胡椒やニンニクなどの香味料などをまぶして作る。

このサンドイッチと一緒にキュウリやトマトのピックルス、チキン・スープを食べると、ますますおいしくなる。

中でもチキン・スープは〝ユダヤ人のペニシリン〟の俗称があることから見ても、ユダヤ人は万病に効くと、妄信《もうしん》的に信じている。私の知人のユダヤ人ビジネスマンが、風邪や腹痛どころか金儲けにも効くと言うので、驚いたことがある。そのわけを聞くと、「落ち込んでいて気力を失っている時、チキン・スープを飲むと一挙に元気が出て、金儲けに集中できるからだ」と言う。

ニューヨークには、カッツ・デリカテッセンやセカンド・アベニュー・デリ、カーネギー・デリなどと有名店があるが、どれも値段が手ごろで、おいしい。ただ驚いたのは、最近、カーネギー・デリに行ったら、経営者がユダヤ人でなく、中国人に変わっていたのだ。なぜ、中国人がユダヤ人のコーシャ・デリを売るのかと、経営者に聞いたら、一言で「儲かるからだ」と答えたので、その商魂たくましさにびっくりした。

ユダヤ人はコーシャに基づいて、エビやカニなどの甲殻類や豚肉を食べてはならないが、異社会に住む同化現象によって、これを食べるユダヤ人が増えている。にもかかわらず、豚肉を食べないことを最後の一線として厳守している。

当初は豚肉が不潔で、腐肉が病気の発生源とみなされたことから、食べるのを禁じられていたが、食品衛生が発達した現今では、むしろ、ユダヤ人のアイデンティティーを保つ精神的な意義があるとされている。

ところが豚肉は、とてもうまいときている。しかも食べるなと言われると、余計に食べたくなるものだ。だから、戒律を破ってでも、食べたい。その誘惑との葛藤を描いたジョークが数多くできている。

雨の降る日、あるユダヤ人の老人がデリカテッセンに入った。彼は周りにユダヤ人がいないことを見定めて、主人に小声で聞いた。

「すみません。そのベーコンは、いくらでしょうか?」

もちろんこんなことを聞くのは、生まれてこの方、初めてである。すると、突然、稲妻が走り、バリバリと雷が鳴った。驚いた彼は、天を見上げて叫んだ。

「**神様、値段を聞いただけですよ！**」

▼彼はてっきり神様からお叱りを受けたと思い、食べる気は毛頭なく、値段を聞いただけです、とうまく弁解したわけである。ユダヤ人の豚肉への好奇心と恐怖心を巧みに表している。（拙著『頭がよくなるユダヤ人ジョーク集』より）

オムレツは、代表的な卵料理で、鶏卵を溶いて、塩と胡椒などで味付けをし、フライパンにバターをひいて手早く焼いたものであり、多くは木の葉型で丸く盛り上がった形をしている。オムレツの中でも具材を何も入れずに、卵に味付けしただけのものは、プレーン・オムレツと呼ばれていて、中身を入れたスパニッシュ・オムレツと違うが、筆者はこれが最も美味であると思う。

食材も作り方も一見シンプルに見えるが、いざ自分で作ってみると、なかなか綺麗に仕上がらない。筆者は一流シェフに指導を仰いで、作ろうとしたことがあったが、未だにどうしても、うまくできない。

オムレツについて筆者のパリでの失敗談がある。

オムレツはフランスが発祥の地とされているだけに、同国のオムレツは、とてもおいしい。

パリのヴァンドーム広場に面した超一流ホテル、リッツ・ホテルでは、1階のロビーで朝食が取れる。たまたま客に呼ばれて、そこで朝食に取ったプレーン・オムレツが、実においしかった。油っぽくなくて、サラリと仕上がっており、味付けも塩気が少なく、さっぱりしてパーフェクトである。世界方々で、オムレツを口にしたが、今でも、リッツの出来栄えは世界一だと思っている。

あまりにもおいしかったので、その味が忘れられず、翌日、自分一人でそこへ出かけることにした。ところがこの超一流ホテルに玄関から入ろうとしたら、恰幅《かっぷく》のいいドアマンにダメだと止められたのだ。

彼が私の足元を指さすので、見たら、その日は軽装で、テニス・シューズを履いていた。つまり、格式の高い同ホテルでは、革靴でないと、外部の客を入れないのである。

第2章 健康維持

体調に変化

老齢になると、体の方々に何らかの変調をきたすものである。それを皮肉って、関節の痛みで雨が降るかどうかを、天気予報士よりも適確に判断できるという。そこで医師のお世話になることが多くなり、これにまつわるジョークが数多くできている。

ある老齢者は体調が悪いので、医師の所へ行った。診察を終わると、医師は同伴していた妻を脇に連れて、小声で話した。

「ご主人は、非常に敏感で繊細な心臓の持ち主です。あなたが彼を王様のように優しく扱い、24時間中、彼の言いなりになって世話をしないと、短命に終わりますよ」

帰途、診断結果を気にした夫が妻に聞いた。

「医者は何と言ったの？」

妻は答えた。

「あなたの寿命はもう長くないと言ったわ」

老化現象

「寄る年には勝てない」とはよく言ったものである。老齢に達した者が、若者のように行動しても、結局は年相応のことしかできないことを意味しており、加齢による気力や体力が衰えることを嘆くときによく使う。誰もが年を取りたくなく、いつまでも若々しくありたいと願うものの、人は年を取ることに抵抗はできない。待っていれば、やってくるのは年だけである。

それについてこんなジョークがある。

長らく映画館に行ったことがない男が、切符を買った後で、ポップコーンを2ドルで買って、売り子に不平を鳴らした。

「ずいぶん高くなったものだね！　ここで前に買ったときは30セントだったよ」

売り子は薄笑いを浮かべながら答えた。

「お客さん、映画をきっとお楽しみになりますよ。今ではサイレント映画ではありませんから」
▼昔のサイレント映画時代の映画しか見ていないだろう、というイヤミ。

サムが定期健診のため病院に行った。検診の結果、医師は言った。

「お年にしては、異常はありません」

「先生、お年にしては、とおっしゃいますが、私は今75歳で、これから80歳まで大丈夫でしょうか？」

そこで医師は聞いた。

「たばこは吸いますか？」

「いいえ」

「脂っこいものや、甘いものは好きですか？」

「いいえ」

「じゃ、スリルに富んだスポーツ、例えばスキーやスピード運転が好きですか？」

「いいえ、危険なことは避けています」

そこで医師は言った。

「じゃ、そのような楽しみがなくなって、なぜ80歳まで生き延びたいんですか？」


80歳になるジョンは大のゴルフ好きだ。ゴルフ・クラブに行ったが、あいにく専属のコーチが定休でいなかった。そこで休みを取っていたプロゴルファーのゲーリーを見つけ、100ドル（約1万円）をかけて、一緒にラウンドしようと、嫌がる彼を説得した。ゲーリーがジョンのハンディを聞くと、

「今年は好調なので、ハンディは要りませんが、バンカーに入ると、なかなか出られないのです」

2人は3時間もかけて、激しく競い合った結果、パー4の18ホール目で、スコアは互角となった。プロのゲーリーは、そのホールを2オン2パットの4で収めた。ところがジョンは、2打目をバンカーに入れてしまい、3打目をバンカーから打つと、高く舞い上がったボールは一気にホールへ吸い込まれ、ジョンの勝ちとなった。驚いたゲーリーは、打ち終わったジョンに近づいて言った。

「80歳にしては、すごいショットですね。しかし、さっき、バンカーは苦手だとおっしゃいましたが……」

ジョンは叫んだ。

「早く、バンカーから助け出してくれ！」
▼バンカーから出るのが難しいのはボールでなく、自分だった。
老齢に達すると、それを弱点にされることが多い。しかし、それを逆手に取っ

たのが、第40代アメリカ大統領になったロナルド・レーガンである。彼は歴代最年長の69歳349日で大統領に就任したことで名高い。レーガンはユーモアのセンスが豊かであり、大統領に立候補した時、記者から老齢が弱みになるのではないかと突っ込まれて、

「この選挙運動で、相手候補の若さや無経験をことさら取り上げて、年齢を政争の具にする気は毛頭ありません」

と巧みに切り返した。

またレーガンは、75歳の誕生日パーティーの場で、

「75歳の誕生日ではなく、39歳の誕生日の36周年記念だ」

と言い張って、みんなを笑わせた。アメリカでは、昔からのジョークで、男性は40歳を超えても、いつまでも39歳止《ど》まりにすることを踏まえている。なお、女性は30歳を超えても、いつまでも29歳とされている。

川柳にも似たのがある。

「還暦から　数えて見たら　十八歳」（『シルバー川柳』）

失禁

老齢に達すると様々な病状が表れる。人はそれを老人病と片付けているが、中でも悩まされるのは、いわゆる「おもらし」、「尿失禁《しっきん》」である。これは前立腺肥大や神経因性膀胱などに起因するといわれている。

紙おむつといえば、赤ちゃんが付けるものと想像する人が多いのではないだろうか。ところが、わが国の赤ちゃん用の紙おむつ市場は、2011年ほぼ1400億円に上ったが、2012年には大人向け紙おむつ市場規模は約1500億円に達し、赤ちゃん市場を逆転しているのだ。

そこで失禁について、こんなジョークができている。

2人の老人が公園のベンチで話し込んでいた。1人が相手に聞いた。

「サムよ。僕は83歳になり、方々が痛むので困っている。君も僕と同じ年だが、

どんな具合かね？」

「生まれたての新生児みたいな気分だよ」

「本当かね？」

「間違いないね。髪の毛はないし歯もない。それに、たった今、パンツを濡らしてしまったよ」

社会の窓

日本の俗語に「社会の窓」という言葉ある。これは男性が履くズボンの前部にあるファスナー（ジッパーやチャックとも）のことだ。トイレ以外でファスナーが閉じていない状態を、俗に「社会の窓が開いている」と呼んでいる。それは1948年〜1960年にNHKラジオが放送した番組「社会の窓」に由来しているという。

ブランチ・リッキーは、1940年代にメジャーリーグで活躍したブルックリン（当時）・ドジャースの球団経営者で、初のアフリカ系アメリカ人選手ジャッキー・ロビンソンと契約を結んだことで有名だ。当時、人種差別がまだ根強く、彼の起用に、観衆だけでなく同僚の選手からも非常な反感と抵抗があった。それを押し切って、黒人選手を受け入れた彼の勇気と決断力が高く評価されている。

その彼が、晩年に老化現象について次のように述懐した。

「最初に名前を忘れ、次が顔である。そしてファスナーを上げるのを忘れると、ついにはファスナーを下げることまで忘れる」

▼老化が進むと、おもらしをするようになる。

筆者が「社会の窓」で大失敗したのは、遠く離れたモスクワの「赤い広場」だ。そこには観光客必見のレーニン廟がある。赤い広場で行われる国家的行事に際して、共産党や政府の首脳が、レーニン廟の雛壇《ひなだん》から観閲し、演説することで有名だ。

その霊廟の中には、ロシア革命の主導者、ウラジーミル・レーニンの遺体が保存処理（エンバーミング）され、ガラス・ケースの中に永久展示されている。一般に公開され、誰でも見られるが、問題なのは観光名所になっているだけに、順番待ちの長蛇の列ができる。それに並ぶと、優に1時間はかかる。

とても待ちきれない短期出張の私に、並ばずに観る方法を現地商社駐在員が密かに教えてくれた。

行列の整理を担当している警官に向かって、「ディプロマだ！　ディプロマだ！（外交官だ！　外交官だ！）」と叫べば、外交官だという証拠を見せろとは決して言わないので、順番待ちをしなくても、真っ先に入れさせてくれると言う。

そのアドバイスに従って、私は最前列で「ディプロマだ！　ディプロマだ！」とパスポートを振りかざしながら叫んだところ、「パジャルスタ！（どうぞ！）」と言うので、入ろうとしたら、「ちょっと待て！」と手を広げて制止された。

警官が私を指さすので、何事かと思い、そこを見ると、私のズボンのファスナーだ。社会の窓が開いていたのである。

これでは当然、ロシアで神様と崇《あが》め奉《たてまつ》られているレーニン様に失礼にあたる。私は顔を赤らめながら、あわててファスナーを上げた。

ファスナーを閉め忘れることは、筆者も年とともによく起こるようである。そこで、拙作を1つ……。

「窓開けて　どこへ行くのと　叱る妻」

おなら

英語ではおならのことを〝fart（ファート）〟と呼んでいるが、スラングで〝to break wind（ツ・ブレーク・ウィンド）〟と言い、直訳をすると「風を放つ」という愉快な表現を使っている。

また、同じスラングで〝cut the cheese（カット・ザ・チーズ、「チーズを切る」）〟とも呼んでいる。というのは、熟成チーズの塊を切ると、そのくさい臭いが、おならを連想させるからだ。1959年にニューヨークの学生俗語だったのが、1960年代に米軍でこの語が流行り、一般化したという。

アメリカでは、ゲップ（英語：belch、ベルチュ）を出すことすら、ご法度の国柄だけに、人前で「風を放つ」ことは、もちろん非礼とされてきた。人間なら誰でも起こる生理現象とはいえ、人が避けて通る話題だった。

わが国でも、川柳で、

「くしゃみする　振りしてついでに　おならする」（『シルバー川柳』）

とあるように、人前をはばかってする。あるいは江戸時代に、それを我慢する様を、

「嫁の屁は　五臓六腑を　かけめぐり」（福富織部）

という傑作がある。

アメリカの友人に、おならの評価について、男女間でどのように考えられているか、その違いを聞いたことがあった。次のようなユーモラスな返事が返ってきた。

女性の場合は、

「消化の際に発生する、迷惑な副産物である」

だという。一方、男性の場合は、それとは全然違っていた。

「人をもてなしたり、自己表現をしたり、男同士の絆《きずな》を結ぶ根源である」

ところがアメリカで、人前ではばからずに、おならを一挙に公にした切っ掛けが、約40年前に、メル・ブルックスが製作・監督したアメリカ映画、『Blazing Saddles（邦題：ブレージング・サドル）』だという。

この映画は西部劇だが、たき火を囲んでカウボーイたちが豆料理をほお張っている場面がある。食事をすませて、1人が放屁すると、誘われたかのように、次から次へとみんなが、大きな音を立てたのだ。公の場で恥も外聞もなくおならを聞かせたのは、当時の人々にとって、まさに青天《せいてん》の霹靂《へきれき》で、画期的な出来事だった。

この映画が導火線となって、おならがおおっぴらに、人の口の端《は》に出るようになった。それとともにファートのジョークが流行り出して、今ではそれ専門のホーム・ページすら多くできているくらいだ。それを紹介しよう。

ある老夫婦が、日曜日に教会に礼拝に行った。礼拝の最中に、ワイフが夫に耳打ちした。

「今さっき、おならを静かに出したのよ。どうしよう？」

夫は答えた。

「補聴器の電池を早く取り換えなさい」

▼大きなおならの音が、自分に聞こえなかった。

なお、２００８年、おならの臭気が血圧をコントロールするという、アメリカの神経学者、ソロモン・スナイダー博士の研究が報告されている。おならの不快臭の原因は、腸内バクテリアの作り出す「硫化水素」だが、これには血圧を制御する働きがあり、高血圧症の薬への応用が大きく期待されているという。「屁のようなもの」や「屁とも思わぬ」というが、おならは捨てたものではなく、バカにできないようだ。

高価なうんち

人間や動物の排泄物は、汚くて臭いもの扱いにされている。ところが、中には、それが珍重されて、高値で取引されている物があるのをご存じだろうか。

これは「コピ・ルアク」と呼ばれる、ジャコウネコの糞からとれる未消化のコーヒー豆である。アメリカでは、500グラム当たり250〜500ドル（約2万5000〜5万円）の高値で取引され、一杯10ドル（約1000円）もするという。

コピ・ルアクの原産地は、インドネシアの島々である。同国のコーヒー園ではロブスタ種のコーヒーの木が栽培されており、その熟した果実は野生のジャコウネコの餌として好まれている。果肉は栄養源となるものの、種子に当たるコーヒー豆は消化されずに、そのまま排出されるので、現地の農民はジャコウネコの糞を探して、中からコーヒー豆を採取する。それを綺麗に洗浄して乾燥させた後に、高温で焙煎《ばいせん》するのだ。

ジャコウネコの腸内の消化酵素の働きや腸内菌によって、独特の香味が加わるとされている。これが高価で取引されるのは、なにもその香味や味覚のためではなく、入手困難な希少価値に由来しているという。アメリカでは、これは〝civet coffee（シベット〈ジャコウネコ〉・コーヒー）〟と呼ばれ、俗称は〝猫のうんち（cat poop)〟である。

ジャコウネコ以外に、サルや鳥の排泄物からもコーヒー豆を採取している。興味深いのは、タイでのアナンタラ・ホテルは、わざわざ自家施設で飼ったゾウに、アラビカ種のコーヒー豆を食べさせて、その糞より集めた未消化豆を、〝ブラック・アイボリー（黒い象牙）〟と称して売っていることだ。これはキロ当たり1100ドル（約11万円）、実に一杯50ドル（約5000円）もする、世界最高値のコーヒーである。

ところで、「糞」は英語で、〝shit（シット）〟だが、卑語とされているものの、私たちが「なに糞！」とか、「糞ばばぁ」や「やけくそ」「ぼろくそ」などとよく使うように、アメリカ人も、この手の語を頻繁に使う。例えば、「政治家は、デタラメばかり言っている」を〝Politicians are full of shit.〟と表現する。直訳すれば「政治家はクソでいっぱいだ」である。

アメリカ人は〝shit「糞」〟を応用した言葉をよく使う。その一例が〝bullshit（ブールシット、牛糞）〟である。これは「ホラ」や「戯言《たわごと》」を意味するが、〝BS〟とも略され、多くの場合、相手に強く反対したり、嘘をついている相手を強く批判する際に、口にする。特にセールスマンが、自社の商品を多く売ろうとして、大げさにブールシットする。

筆者のアメリカの取引先の販売員に、見え透いたホラ、つまり〝bullshit〟を吹く人がいて、

「ずいぶん〝bullshit〟を吹きますね」

と、たしなめたところ、彼の答が振るっていた。

「〝bullshit〟は、草を青々と生えさせますよ!」

▼つまり、「嘘も方便だ」という。

また、アメリカビジネスマンは、

〝Money talks, bullshit walks.（ホラを吹くのを止めて、お金を積め）〟

とよく言う。直訳すれば「お金は話す」だが、日本語の「お金がモノをいう」と同じニュアンスであり、解決困難なことでも、金銭の力で容易に解決できることを指す。つまり「お金は、力なり」を意味する。

商談の際、しゃべるばかりで、具体的提案がないと、業《ごう》を煮やした相手から、「つべこべ言わずに、何かをしてほしいのなら、さっさと目の前に現金を積め」という場合に使う。つまり、ビジネスはお金がモノをいう世界なので、物事を成就する上で、長々と説明するよりも、お金を見せる方が手っ取り早く、もっと効果的なことを示している。

なお、〝bullshit〟のホラがより大げさになると、その形状がもっと大きいことから、〝horseshit（馬糞）〟という表現を使う。その大きさとは対照的に小さい、「取るに足らない細事」を、〝chicken shit（鶏の糞）〟と呼んでいる。

アメリカの著名な実業家で石油王のジャン・ゲティが、次の名言を吐いている。

「お金は動物の糞のようなものだ。ばらまかずに、ほっとくと、臭気を放つ」

▼お金は投資をしないと、宝の持ち腐れになる。

これは元アメリカ大統領、ロナルド・レーガンが愛用した有名な「ポニー（仔馬）のジョーク」である。

6歳になる双子が、極端な性格の違いを見せた。兄は完全な楽観主義者である一方、弟は極端な悲観主義者である。心配した両親は、2人を精神科医の所に連れて行って、その異常性格を治療してもらうことにした。

医師は悲観主義者の弟を癒そうと思って、部屋中に新しいおもちゃがいっぱい入った部屋に入れた。そこで弟が大喜びをするかと思ったら、泣き出すではないか。医師が、

「どうしたんだ？　おもちゃで遊びたくないの？」

と聞くと、弟は泣き喚《わめ》いた。

「おもちゃを壊したくないんだ！」

今度は甘い見方を変えさせるため、楽観主義者の兄を、部屋の天井まで馬糞で高く埋まっている部屋に入れた。嫌悪感でいやな顔を見せるかと思ったら、興奮して喜び出すではないか。しかも兄は、馬糞の山の天辺《てっぺん》に上ると、膝をつ

いて素手で馬糞を懸命に掻き出したのだ。非常に驚いた医師は聞いた。

「一体、何をしているんだ？」

兄は答えた。

「きっとポニーが、どこかにいるに違いありません！」
▼レーガン大統領がなん百回となく、このジョークを口にしたので、スタッフの間で、何か間違った問題が起こると、「きっとポニーが、どこかにいるに違いありません」と言うのが流行ったという。

第3章 アンチ・エージング

人間は、古来より永久に若さを保ち、死なないことを願ってきた。特に中国人は、それが伝統的な生命観になっており、その有名な例は、秦の始皇帝である。皇帝は部下、徐福に命じて、不老長寿の薬を探し求めさせたが、帰りが待ちきれずに、様々な不老不死の薬を試したといわれる。この中に猛毒の水銀を含んだものがあり、これを飲んだため、始皇帝は一命を落としたという伝説さえ残されている。

その長生きの願望を皮肉ったジョークがある。

神様がロバを創造したとき、ロバに言った。

「お前は朝から晩まで重い荷物をかついで、草を食べ、知能がないまま、50年生きさせる」

ロバは答えた。

「ロバになるのは構いませんが、50年は長過ぎます。30年にして下さい」

と願うので、30年にした。次に犬を創造した際、犬に告げた。

「主人の家を見守って、彼に忠実に仕えなさい。25歳まで生き延びさせる」

だが、犬は求めた。

「神様！　25年は長過ぎます。15年にして下さい」

神はそれに応じて、次にサルに言った。

「枝から枝へと飛び回るような面白い芸当をするので、20歳まで生きさせるよ」

ところがサルは、

「20年は長過ぎます、10年にして下さい」

と頼むので、願いを受け入れた。次は創造した人間である。彼に対して神は告げた。

「お前だけが知能を備えて、他の動物を支配できるので、20年の寿命を与える」

しかし、人間は反論した。

「神様！　人間になるのはいいのですが、20年では足りません。ロバが断った

30年、犬の15年、サルの10年を全部足してください」

と懇願するので応じた。

その結果、人間は初めの20年は人間らしく生きることができたが、成人すると30年間はロバのように酷使されて働き、次の15年は犬のように家を見守って、与えられた食べ物を口にすることになった。そして、最後の10年はサルのように、子供の家から家へと飛び歩き、孫を喜ばすために馬鹿げた芸をするようになった。

女性は年齢に敏感

一般に女性は、自分の実際の年よりも、若く見せる傾向にある。アメリカでは、女性の年を聞くのは失礼に当たるとされている。決して「おいくつですか?」と聞いてはいけない。それほど女性にとって年齢は、デリケートな問題なのだ。それについて、面白い話がある。

　グルーチョ・マルクスといえば、アメリカ希代の名コメディアンであり、当《とう》意《い》即妙《そくみょう》のギャグを発することで有名だ。彼がクイズ番組を司会しているとき、番組出場の女性に、わざと意地悪く聞いた。

「お年を教えていただけませんか？」

　むっとした彼女が答えた。

「そんな大事なことは、うちの主人にすら言ったことはありませんわ！」

　グルーチョは、すかさず言葉を返した。

「ご主人がいらっしゃると聞いて、あなたの年を聞く意欲を、すっかり失いました」
▼未婚ならば、趣味や異性関係を色々と詮索したり、茶化したりできて楽しいが、亭主がいると聞いて、年を今更聞いても無駄だというわけ。

また、グルーチョは同じ質問を、他の女性出場者にも試みた。

「おいくつでしょうか？」

驚いた彼女は、言い返した。

「あら、紳士が婦人の年を聞くなんて、いけませんわ」

そこでグルーチョは答えた。

「まったく、おっしゃる通りです。それでお年は？」
▼あなたのような紳士が女性の年を聞くなんて、はしたないと、たしなめて逃げるつもりだったが、逆に「私は紳士ではありませんから、あえて年を聞くのです」とやり返された。

アメリカでは、もし彼女の方から年齢を明かしたら、実際の年は、その年から最低1年足せばよいそうだ。この年齢を低くすることを英語で「ひげそり(shaving)」、つまり「年齢を削る」という面白い表現を使っている。アメリカの多くの女優は少なくとも1歳は低く主張しているといわれており、有名な例は、アメリカ女優、サンドラ・ブロックである。彼女は2012年の『ギネス世界記録』によれば、女優の中で、世界最高の年間報酬5600万ドル（約56億円）を受け取っているという。

彼女が駆け出しの頃、生年を1965、1966、1967と様々に言いながら、実際の年齢を明かすことはなかった。ところが、ある記者が彼女のフロリダ州の選挙登録書を調べた結果、実際に生まれたのは1959年であることが判明し、実際よりも6歳以上もサバを読んでいたわけだ。彼女は、2015年現在、56歳ということになる。

こんな笑い話がある。

ある女性が、ラス・ベガスのルーレット・ゲームで負け続け、手持ちの金は尽きて、残り50ドルになった。彼女が、

「まったくつきがないわ！　どうしよう？」

と叫んだところ、隣の男が、

「自分の年齢の数字をかけたらどうですか？」

と提案して、そのテーブルから立ち去った。ほどなく彼が気づいたら、そのテーブルで大騒ぎが起こっている。群衆を掻きわけて駆けつけると、床の上にさっきの女性が横たわっているではないか。テーブルの担当者に、「どうしたんだ？」と聞いた。

「よく分かりませんが、29に有り金を全部賭けたところ、36が出たので気絶したんです」

▼彼女の実際の年齢がルーレットに出たのだ。

子供の頃は、鏡の前で舌を出したり、笑ったりして、鏡を小ばかにする表情をする。

ところが年を取ると、鏡は、顔のしわや、目じりの小じわをはっきり見せて復讐をする。

漫談士、綾小路きみまろは、これを得意の毒舌で語っている。

「久々のお化粧、旦那も後ずさり」

とか、

「中高年のファンデーション　落ち着く先はシワの中」（『失敗は、顔だけで十分です』）

と手厳しい。

美容整形

英語に〝facelift（フェースリフト）〟という言葉がある。直訳すれば「顔を持ち上げる」だが、「美顔手術」、つまり、顔のしわや、他の加齢による兆候を取り除く整形手術を意味する。特に手術が施されるのは、顔面や首の皮膚がたるんだり、垂れ下がったり、あるいはしわが増える場合である。

誰でも見かけよりも若く見せたいものである。アメリカ人は日本人に比べて、顔にしわが多くできるせいか、フェースリフトをよく利用する。2009年の国際美容外科科学会の資料によると、美容整形手術件数が世界で最も多いのはアメリカで、全世界の約19%を占めているという。こんな笑い話がある。

アメリカのジョン・リバースは、強烈な毒舌が売り物のコメディエンヌで、「喜劇の女王」と謳われている。2013年現在、80歳だが、年にもめげずに矍鑠《かくしゃく》として活躍している。リバースは顔が大きく変形するほど、度重なる整形手術を施したことで有名だ。それを、「この顔に、15万ドル（約1500万円）もかかったのよ」と、自分のギャグのネタにさえしている。その彼女が、しわを隠す簡単な方法を教えた。

「鏡を見るときに、老眼鏡を外して見ることだわ」

55歳の女性が道を歩いていると、突然、頭上から大声が聞こえた。

「あなたは100歳まで生きますよ！」

これはきっと神の声に違いない、と確信した彼女は、後45年も生きられると非常に喜んだ。そこですぐに整形外科医のところへと走って、フェースリフトだけでなく、豊胸術と腹部の美容整形まで施してもらった。この完璧ともいえる手術を終わって、病院を出た途端、不運にもバスに当てられて死んでしまった。

天国で神に会うと、彼女は怒って言った。

「神様！　あなたは私が100歳まで生きられるとおっしゃったじゃありませんか。後45年も生きられたはずです。なぜ、バスに当てさせたのですか？」

神は答えた。

「すみません。見分けがつかず、別人だと思ったんです」

▼美容整形手術が完璧だったので見違えたのだ。

烏の足とは？

しわにはいろんな種類がある。眉間の縦じわ、額の横じわ、目じりの小じわなどである。この目じりの小じわのことを英語で、その足跡に似ていることから、「烏《からす》の足（crow's feet）」と面白く表現している。

そのようなしわを取り除くのに、アメリカでよく用いられるのが、米アラガン社の「ボトックス」である。これは元々、眼瞼痙攣《がんけんけいれん》の治療薬として使われていたが、1980年代からしわ治療薬として広く使用されて、「烏の足」の治療薬としても、米政府機関、FDA（食品医薬品局）から正式に認可されている。

ボトックスは人体に無害なタンパク質の一種で、筋肉の収縮を弱め、麻痺させることでしわ取りの効果が得られる。ただし、これを用いても、効果が持続するのはせいぜい4〜6カ月で、永久に除去するには、やはり先のフェースリフトしかない。

女性が年を取ると悩んだり、中高年男性の疲労がたまると現れるのは、目の周りに出てくる〝eye bag（アイ・バッグ）〟である。この語を直訳すると「目の袋」だが、「目の下のたるみ」を意味する。その原因は、特に老齢者の顔面の筋肉やじん帯が弱くなるため、脂肪分を保持できなくなり、袋状となって表れるからだ。これが厄介なのは、ボトックスでは治療できず、除去するには整形手術しか方法はないようだ。

アメリカの女性は年を取ると、このようなしわを取り除くことを強く願う。それを示すジョークを紹介しよう。

妻のヘレンが髪の毛を染めようとして、どの色にしようかと、ファッション雑誌をめくっていた。その中に若い美人モデルによる毛染めの広告が出ていた。そのヘアースタイルや色合いが気に入ったので、広告の写真を見せながら、夫に聞いた。

「私の顔には、しわが少しあるけど、このブロンドの色はどうかしら？」

夫はその雑誌を取り上げるなり、広告が載ったページを引きちぎって、手でしわくちゃにした後に、広げて言った。

「とてもきれいに見えるよ！」


しわを取り除くのに、専用のクリームを塗る方法がある。幾分効果があるものの、10％程度しか減らせず、それも効果が持続するのは、せいぜい約12週間だといわれている。


母親が懸命にしわ取りクリームを顔面に塗っているときに、9歳の娘が入ってきた。

「お母さん、何している？」

「しわ用のクリームを使っているのよ」

そこで娘が言った。

「しわは自然にできるものと思っていたよ」

▼しわ取りのクリームを、むしろ、しわを作り出すクリームと取り違えていた。

ところが、美容整形も仕事の必要上、外貌を美しくすることがある。特に外見がモノをいう芸能界やテレビ業界で、それがよく見られる。その例は、二重まぶたや豊胸手術、隆鼻術（アメリカでは逆に、鼻を低くする鼻骨削り術）などである。だが、アメリカで最近大きな話題を呼んだのは、それが人種差別問題と結び付けられたからである。

事の起こりは、アメリカ・テレビ局ＣＢＳの人気番組、〝ザ・トーク〟のアンカーを務める中国系のジュリー・チェンが、その番組で、出世するために整形外科手術を行ったことを告白したことだ。

彼女は２０１５年現在、45歳だが、25歳の時に地方局のレポーターを勤めていた。その際、アンカーになりたいと上司に申し出たら、彼は「あなたは中国人だから、とても無理だ。この地域では中国系の人はあまり住んでいないだけでなく、その小さな目では、テレビで冷淡で退屈に映る」と言われた。

この一言で、整形手術を施すことを決心し、目から鼻などに施した結果、別人と見違えるばかりの美人になり、出世の道が大きく開かれたのだ。そのことについて、彼女は「手術を行ったことを全く後悔していません。それが、今の地位を与えてくれたのです。中国人であることを誇りに思っています」と忌憚《きたん》なく語っている。

アジア系ジャーナリストが組織するＡＡＪＡ（アジア系アメリカ人ジャーナリスト協会）は、彼女の率直な告白は、東洋人に対する偏見が依然残る、アメリカ社会に対して、警鐘を鳴らすものとして高く評価している。

頭が禿げる

老化現象が現れるのは、髪の毛が薄くなることだ。それを気にしない中高年者はまずいないと思う。初めの内は、抜け毛を防ぐスプレーをかけたり、育毛剤を塗ったりするが、薄毛になる流れは止められない。どの程度遅らせるかが課題となる。アメリカの言い伝えで「禿げを治《なお》す方法はない。頭の禿げた理髪師がいることを見れば、よく分かる」という。

しかし、俗に「禿げ頭に悪人なし」というように、禿げは捨てたものではなく、決して見栄えのしないものでない。むしろ、諺で「髪の少ない人ほど、智慧が多い」とほめるくらいだ。人によっては、プロ・スポーツ選手のように、意図的に頭を剃って禿げ頭にしている人も増えている。その方が洗髪をする手間が省けたり、床屋に行かなくてもいい。しかも男性的でマッチョ（男っぽく）に見えるからのようだ。

有名なスポーツ選手、テニスのアンドレ・アガシやバスケットのマイケル・ジョーダン、メジャーリーグの強打者アルバート・プホールス、あるいはサッカーの名手アリエン・ロッベンやジネディーヌ・ジダンなどは、臆することなく、むしろ禿げ頭を誇らしげに見せている。

このような傾向から、禿げに対する偏見は減っているように思われるが、依然、根強く残っており、それに関するジョークが多くできている。


息子のビリーが、思案の末、母親に聞いた。

「どうして親友のビリーの頭はあんなに薄くなっているの？」

「彼は物事をよく考えるからでしょう」

そこで息子がすかさず聞いた。

「それでお母さんは、そんなに髪の毛が多いんだね！」

▼母親は物事をよく考えないことを皮肉っている。

スラングで、〝cherry（サクランボ）〟は「処女、童貞」を意味し、〝I lost my cherry.〟は「童貞（あるいは処女）を失った」になる。

今でも語り草になっているのは、ある日本の外務大臣がワシントンを訪問した際、不得意の英語を使って、集まった記者の人気を博そうとした。

自分の名前の中に「桜」があったので、〝My name is cherry.〟と言ったところ、頭は見事に禿げ上がっていたので、場内の爆笑を呼んだ。本人は自分のユーモアが通じたと喜んだが、この語に思わぬ意味があること知らなかったのだ。

カツラをかぶる

禿げ頭に対する偏見がなくなりつつあるにもかかわらず、体面を保つためにカツラをかぶることがある。その目的は禿げ隠しで、実際の年よりも若く見せるためだ。アメリカ人と付き合って感じるのは、彼らの老齢者にカツラを愛用している人が多いことである。事実、タイム誌が1970年に調査した結果によれば、禿げた人約2000万人の内、実に約13%の250万人が、カツラをつけているという。わが国でも一時、男性用のカツラの広告が多かったが、最近は、女性用がよく見られるようになった。

タデウス・スティーブンスは、1860年代の南北戦争時に、共和党の指導者として、奴隷制度に激しく反対し、アフリカ系アメリカ人の人権確保に努めたことで有名だ。当時、髪の毛を収集するのが流行っており、ある女性が彼の髪の房が欲しいと言った。スティーブンスはユーモア感覚に富んでおり、禿げ頭の彼は、自分のカツラをはぎ取って、彼女に与えたという。

私のアメリカの親しい友人に、オーダー・メイドのカツラをかぶっている人がいた。その一般的な方法は、接着テープで着用することだ。彼は辛いもの好きで、カレー料理を食べている時に驚いたのは、突然フォークを取り上げると、その柄をカツラと頭の間に差し込んで、ゴシゴシとこすり始めるではないか。接着に使う両面テープの接着剤が、カレーで汗ばんだ頭を痒くさせたのだ。

その当時、筆者は薄毛だったので、カツラをかぶることを考えた。その友人の紹介で、彼の行き付けのニューヨークのカツラのオーダー・メイド専門店で、注文することにした。

そこでは多人種の国だけあって、こげ茶や黒、赤、銀、金などと様々な色の髪の毛を備えていた。中でも驚いたのは、ちりちりした髪の毛を黒人客用に植え込んでいたことで、その需要範囲の広さを示していた。

急に私の髪の毛が増えたので、仲間から当時流行りの映画題名をもじって「サルの惑星だ」と冷やかされた。だが、意外とカツラをかぶっていることを見破るのは男性でなく、髪の毛により関心が高い女性である。

いざカツラを着用して、気づくのは様々な不便があることだ。まずプールで泳げなかったり、はがれることを恐れて、テニスを思い切ってプレーできない。結局、1年後に諦めて、もとの薄毛に戻したのである。

ところで、カツラは禿げ隠し以外に、いろんな予想外の用途がある。興味深いのは、イギリスの裁判官や弁護士（厳密には法定と事務弁護士の2つ）が、法廷でカツラの着用を未だに義務付けられていることだ。その歴史は古く1680年頃に始まり、当初は人毛を使っていたが、1822年に、ハンフリー・ラベンスクロフト氏が、灰色かかった白馬の毛を使ったカツラを発明してから、馬の毛に変わっている。そのコストは、約１３００ポンド（約20万円）で、決して安くない。

先日、日本の新聞に、ロンドンのウェストミンスター寺院で行われた「司法年度」の開始行事の後、多くの男女の判事が、寺院から一斉に出てくる写真が掲載されていた。みんな一様に、この白馬の毛のカツラを長く垂らして、かぶっている光景は、現代社会にあって異様に見えた。なお、知人のオーストラリア人弁護士によれば、同国の裁判官も白馬のカツラを着用しているそうだ。

さらに面白い用途は、アメリカの超正統派のユダヤ人女性が結婚をすると、カツラをかぶる習わしがあることだ。これはユダヤ教の法典に基づいて、既婚の女性は髪を覆うことを義務付けているからである。ロングからショート・ヘア、それに茶褐色や黒色、ブロンドなどとバラエティー豊富なカツラが揃っている。

禿げ頭に対する偏見があるためか、カツラの淵源は意外にも遥かに遠い昔に遡ることができる。一説によれば、紀元前約３１００年前にエジプトの墓の中に発見されている。また、紀元前1世紀、共和政ローマの著名な独裁官、ユリウス・カエサルがカツラを着用していたという。近年では、著名な俳優のハンフリー・

ボガートやゲイリー・クーパー、ショーン・コネリーが愛用していた。

ところで、英語でカツラのことを〝toupee（トゥーペイ）〟別名、〝hairpiece（ヘアピース）〟と呼んでいる。だが、昔からカツラをつけている人は、自分の禿げを思ったほど隠し切れないため、絶えず笑い草にされている。特に芸能人や著名人が標的にされるようだ。最近、話題を呼んだのはユダヤ系人気俳優のジェイソン・アレクサンダーである。

彼はテレビ・シリーズ『となりのサインフェルド』で、1990年代にジョージ役を演じて好評を博していた。今まで見慣れた禿げ頭だったのが、最近、突然、ふさふさとした髪をして慈善事業の会場に現れ、みんなをアッと驚かした。

ゴシップ紙はこれを大きく取り上げ、彼の52歳（2013年現在）と20年前の写真を2つ並べて、「20年前よりも髪の毛が増えている」との付記をつける意地悪さだ。

アレクサンダーは、それがカツラであることを率直に認めたが、その言い訳が振るっていた。

「外見をよくするためでなく、撮影の際、ライトが頭に強く反射して、撮影に支障を来したからだ」

第4章 シルバーの悩みと誇り

ダーティー・ジョークとは

アメリカ人の大人間で最もやり取りされるジョークは、なんといってもセックスに関するものではないかと思う。この種のジョークは〝ダーティー・ジョーク（dirty joke）〟と呼ばれている。先般、ある日本の一流紙が、これを「汚いジョーク」と訳していたが、この場合の〝dirty〟は「汚い」でなく、「わいせつな」を意味する。例えば、〝dirty book〟といえば「エロ本」になる。

セックスが、果たして文字通り「汚い」ものであるかどうかについては、いろいろ意見が分かれようが、アメリカの監督で喜劇役者のウディ・アレンが、次の名言を吐いている。

「セックスはダーティだとお考えでしょうか？」

と、アレンが記者に聞かれて答えた。

「はい、そうだと思います。ただし、ちゃんとすれば、の話ですがね」

年寄りのセクシュアル・ジョーク

年を取れば、当然のことながら年齢とともに、肉体的、中でもセックスに変化が起こることは避けられないものである。識者によれば、セックス・ライフは50台で月1回、60台で年1回、70台でセックスレス、80台でノー・セックスになるという。

ところが、これと反する事実が、最近日本で明るみに出ている。驚いたのは、高齢者の親睦会を装って新聞広告を出し、応募してきた男性客に売春相手を斡旋したかどで、異性斡旋業者が逮捕されたことだ。逮捕容疑は、会社員の男性（67歳）に女性（65歳）を紹介し、売春を斡旋したというものだ。

もっと驚くのは、会員登録料と紹介料計1万5000円を受け取り、会員数は男女約1350人に上り、平均年齢は60歳以上、最高年齢は88歳だったという。高齢者といえども、依然セックスが衰えない人が、まだ少なからずいるようだ。

しかし、年齢による性的衰退にともなって、いろいろな悲哀と嘆きがジョークとなって表れてくる。


老妻がアイロンをかけている部屋に、夫が入ってきて、せせら笑って言った。

「なぜ、ブラジャーにわざわざアイロンをかけているんだ。その中に入れるものなんか、ないじゃないか」

妻はやり返した。

「わたし、あんたのパンツだってアイロンしているんだけど」


老夫婦がベランダで、静かに夕涼みをしていた。すると夫が、突然妻の頬をぴしゃりと叩いた。驚いた妻は聞いた。

「どうして、ぶったの？」

「この40年間、ろくなセックスをしなかったからだ！」

その数分間後、今度は妻が夫の頬を叩いた。

夫は叫んだ。

「なぜ、ぶったんだ！」

「あなたが、その違いにやっと気づいた、罰よ！」
▼夫の方が、セックスが下手だった。

老夫婦が50年目の結婚記念日を祝ったときに、夫が妻に聞いた。

「正直に答えてほしいのだが、今まで浮気をしたことはなかった？」

「こんなに長く暮らしていて、今頃になって聞かれるのは変だが、どうしても知りたいのならお答えしますわ。3回ありました」

それを聞いて悲しんだ夫は、もっと詳細を教えてほしいと頼んだ。

「1回目は、あなたが30歳の時、事業を始めるのに、どこの銀行もお金を貸してくれなかったでしょう？　ところが銀行の支店長が家にやってきたときに、融資の必要書類にサインをしてくれたわ」

夫は心を強く打たれた。

「僕が事業を始めるために、してくれたんだね。2回目は？」

「あなたが40歳のとき、心臓発作を起こしたのを覚えている？　その時、医師がわざわざ家まで来て手術を施し、一命を取り留めたでしょう」

「あなたのお蔭で、命を助けてもらったとは、すばらしい女性と結婚したもんだ。ところで3回目は？」

「覚えている？　数年前にゴルフ・クラブの理事長になりたいのに、57票も足りなかったでしょう？」
▼つまり、57人と関係を持ったというのがオチ。

老齢の夫婦が定期健診を行った。夫を厳密に検診した医者は彼に言った。

「あなたのお年にしては、異常はなく、とても健康です。体に何か気になることがありますか？」

「一つ気になります。妻とセックスをするとき、1回目は体が熱くなり、汗をかきますが、2回目は逆に冷えて、寒気を感じるんです」

そこで医師は答えた。

「あまり聞き慣れない症状なので、調べた後で返事をしましょう」

次に妻を検診して、彼女に聞いた。

「とても健康です。ところで何かお困りのことがありますか？」

「何もありませんが……」

「いや、先ほどご主人が、あなたとセックスをするとき、1回目は体が熱くなり、汗をかくが、2回目は逆に冷えて寒気を感じるとおっしゃっていましたが、何か心当たりはありませんでしょうか？」

妻は怒って答えた。

「彼、すっかり耄碌《もうろく》しているわ！　1回目にセックスをするのは7月で、2回目は12月なのよ！」

ある老人が情緒不安定になり、心の病にかかったのではないかと思い、精神科医の所に行った。そこで医師は患者に聞いた。

「これから3つの質問をしますから、それが何を連想するか答えてください。まず男は立って女は座ったままで、犬は3本足でするものは何ですか？」

「握手です」

（アメリカでは女性は腰かけたままで握手してもよい）

「それじゃ、犬が裏庭ですることで、不用意に踏みたくないものは？」

「犬が掘った穴です」

「では、朝起きたときにパジャマの開いたところから、突き出ている硬いものは？」

「先生、もちろん私の頭です」

そこで医師は続けた。

「あなたの反応はまったく正常です。ところが患者によっては、とても信じられないような、突飛な返事をするのがいるのでね」

（拙著『頭がよくなるユダヤ人ジョーク集』より）

高齢者のセックスの悩み

77歳になったサムが、20歳の娘さんと結婚した。彼の友人が半ばやっかみ半分で言った。

「サムよ、そんな若い女の子とセックスをしたら、非常に危ないのはお分かりでしょうね。命取りになりかねませんよ」

彼はしばらく考えた末に、肩をすくめて答えた。

「そうだなあ、彼女が死んだら、また次の若いのをもらうさ」

▼友人は、もちろん老人の健康をおもんぱかって、忠告をした。しかし意外にも老人は、セックスをして命を縮めるのは自分でなく、若い妻の方だと考えていた。

ソールは70歳になると、突然、狂い出したように、若い女性を追っかけ回した。近所の女性がソールの妻に忠告した

「あんなに追い回していて、黙っているの？」

妻は答えた。

「ほっときなさい。好きなようにさせたらいいわ。丁度、犬が車を追っかけているようなものよ。追いついても、運転できないからね」

若い美人が老婆を連れて、医師の所にやってきた。美人が、

「検診のために参りました」

と言うと、医師は命じた。

「あのカーテンの後ろに行って、服を脱ぎなさい」

彼女が、

「いいえ、私でないのよ。一緒に連れてきた叔母を診てほしいの」

と答えると、医師は老女に向かって言った。

「早く舌を出してください」

▼医師は相手の年を見て、急遽予定変更をした。これは筆者が知っている若い女性がこぼしていた実話である。近くの診療所に行ったら、診察の際、不必要に胸を開けさせるという。あまりにも露骨なので、そこへ行くのは止めたそうだ。医師にもいろんな人がいる。

ソールは70歳過ぎても、職業のペンキ塗りを続けていた。ある日、一流アパートの壁のペンキを塗った後、家でくつろいでいると、さっきのアパートの女主人から電話がかかってきて、すぐ来てほしいという。どうやら彼女の夫が、せっかく塗ったばかりのペンキに触って、汚してしまったらしい。

翌朝、さっそく出向いたソールに、婦人は言った。

「すぐ来てもらって大助かりよ。寝室に一緒に来て、見てほしいの。うちの主人が、夕べ、触ったところを」

驚いたソールは、言った。

「奥様、私はもう若くないんです。コーヒー1杯だけでいいんですよ」

（拙著『頭がよくなるユダヤ人ジョーク集』より）

金銭感覚

年を取ると、金銭にこだわりやすくなり、お金に執着するものである。それをケチだと言う人もいれば、倹約家だと見る人もいる。


あるお金に細かい商売人が、いよいよ臨終を迎えようとする時に言った。

「ワイフはここにいるかね？」

「はい、いますよ」

「娘もいるかね」

「はい、お父さん、いますわ」

「息子は？」

「心配しないで、お父さん横にいますよ」

そこで父が叫んだ。

「一体、どういうことだ。みんながここにいるのなら、だれが店番をしているんだ！」
▼人生の最後の最後まで、店の繁盛が気になる。

ある若者が、年取った大金持ちの老人に、どうしてそんな沢山のお金ができたかを聞いた。彼は、老眼鏡をはずしながら、しんみりと語り出した。

「1932年は、丁度、大恐慌の真っ只中で、オレのポケットには5セントしかなかった。そこで、この5セント（5円）でりんごを1個買って、1日かけて磨き、その日には10セント（約10円）で売ることができた。次の朝も、売り上げた10セントで2個のりんごをまた買い、それを磨いて、夕方には20セント（約20円）で売った。このように毎日、磨いては売り、こつこつと努力を重ねて、1カ月後には、1ドル60セント（約160円）にもなった。そんな地味な努力を、何日も懸命に続けたのだ。そしたら、ワイフの親父が急死して、200万ドル（約2億円）が転がり込んだのさ」

▼地道に努力したから、その結果、大金持ちになったと思わせておいて、最後のパンチ・ラインで見事な「どんでん返し」を食わせている。

ある男は、生涯懸命に働いて、大金を蓄えた。彼はお金の問題になると、非常なケチで、お金が全てだった。この世を去る寸前に妻に言い残した。

「僕が死ぬ時は、あなたが僕の有り金全部を集めて、お棺の中に一緒に入れてほしい。来世にも手元に置きたいんだ」

妻はその頼みを必ず守ると、固く約束した。彼がこの世を去り、葬式の最中に、喪服を着た妻がお棺の横に立っているとき、葬儀屋がお棺を閉じようとし

たら、妻が、

「ちょっと待ってください」

と言うので、止めると、彼女は靴箱を入れた。そこで横にいた友人が、

「まさかお棺の中に、お金を入れたんではないでしょうね？」

と聞くと、答えた。

「私は熱心なクリスチャンなので、嘘はつきません。彼との約束を確かに果たしました」

「じゃ彼の有り金を全部、お棺の中に入れたのですね？」

「もちろんですとも。彼の有り金すべてを私の口座に入れて、彼宛の小切手を切ってそれを入れました」
▼小切手は銀行に持っていかないと現金にならない。しかも今は亡き夫宛である。お棺の中に入ってしまえば、永久に現金化されない。

モスコビッチは、遠く離れた父親への誕生祝いに立派な裏つきのコートを贈

ったところ、早速、老父から電話がかかってきた。

「いや、すばらしいものを贈ってくれてありがとう。親孝行だね」

「お父さん、気に入ったの？」

「とても気に入ったよ。それはそうと、いくらしたの？高かっただろう？」

「いや、卸で買ったから、安かった。90ドル（約9千円）だったよ」

1週間後、父親から1通の手紙が彼のところに届いた。それにこう書いてあった。

「息子よ。あのコートを6着送ってくれ。もらったコートを350ドル（約3万5千円）で売ったからね」


（拙著『頭がよくなるユダヤ人ジョーク集』より）

騙されやすい

「カモは毎分、生まれる（There's a sucker born every minute.）」とは、アメリカのサーカス王、フィニアス・テイラー・バーナムが、約130年前に述べた言葉だが、今でも広く通じている。〝sucker〟とは原意で「乳離れする前の赤ん坊」のことだが、転じて「世間知らずのだまされやすい人」や「お人よし」、「間抜け」を意味する。

最近、振り込め詐欺や未公開株の購入などの不祥事が、毎日のように報じられている。それに実態のない巨額の投資話や、架空の社債による詐欺事件だけでなく、息子や警察官を装ってだまし取る、オレオレ詐欺事件や、保険金の還付金の詐欺などと数多い。どう見ても、明らかにあやしい話でありながら、それにだまされて、多くの人たちが詐欺の被害のひどい目に遭っている。

このような世相を反映した川柳がある。

「楽々と　儲かる話　今日も来る」（『サリーマン川柳』）

２０１３年8月の警察庁の統計によると、２０１３年前半期の振り込め詐欺被害は２１１億円で、前年同期に比べて56億円も増えたという。同庁は、首謀者が被害者と直接会わずに、現金やキャッシュ・カードをだまし取る手口を「特殊詐欺」と呼んでいるが、注目すべきは、被害者全体の84％を60歳以上の高齢者が占めていたことだ。

中でも、最近起きた驚くべき事件として、70歳代の男性が、自分の持っているお金に悪い気《け》が付いているので浄化するといわれて、２０００万円を詐欺男に手渡し、詐取されている。言葉巧みに、様々な口実をつけた悪質な犯罪が横行しているのだ。

詐欺について、こんなジョークがある。

新聞売りが、「号外！　号外！　50人が詐欺に会いました！」と大声で叫んでいる。号外を受け取った老人が、新聞を読むと、詐欺のこと

が全然載っていない。

「詐欺のことが何も書いてないじゃないか！」

と文句をつけると、売り子は一向お構いなしに叫んだ。

「51人が詐欺に会いました！」

人生を効率よく、効果的に生き抜くためには、もちろん賢く生きなければならない。その上で、どうしても覚えて欲しい金言がある。それは私が駆け出しの頃、ビジネスの道で百戦錬磨《ひゃくせんれんま》の先輩から教えられた言葉、「だますな、だまされるな」である。

誰でも相手をだまさないようにするのは比較的、たやすいことだ。というのは、人から信用されることは、商売を続ける上で、必要不可欠な条件だからである。その人間がだますから信用できない、という評判が一旦立つと、誰もが相手にしてくれなくなる。そこで誰でも、正直に取引をすることを極力心がけるものだ。

その反面、相手からだまされないように交渉をしたり、取引することは、言うほど簡単なことではない。相手のだましにも、悪意のこもった詐欺的なものから、交渉につきものの権謀術策、さらには嘘やホラなどに至るまで、その程度は種々様々である。頭をよほど働かさなければ、これを見分けるのは難しい。

それには、自分のありったけの知識や知恵を絞り、さらに経験も活かして、だましに立ち向かわなければならない。先方の意図や真意を、裏の裏まですばやく見破る必要がある。それを見抜けないと、相手のペースに乗せられ、だまされた後から、大いに後悔をすることになる。

従って、万が一だまされたのなら、だました方が悪いのではなく、むしろ、だまされた自分が悪いのである。だました相手を不誠実だと非難する前に、だまされた軽率な自分に責任があるとし、その原因をよく考えて、それが二度と起こらないようにと反省する。この考え方こそが、世渡りや金儲けをする上で非常に大切なのである。

私がユダヤ人の取引先に教えられたのは、うまい話があればあるほど、鵜呑みせずにまず疑え、ということだった。疑えば、頭をよく使って知恵を働かすことになる。その上、相手の言動や表情からさまざまな意図や狙いが分かってくる。特に相手が、海千山千の人物であれば、疑ってかかれば、彼らが使うたくらみや、騙しの手口が予想できて、その対抗手段を前もって考えられる。

このようにユダヤ人は、人を疑うことを本能的に備えているからこそ、だまされることが少ないといえるのかもしれない。これが、彼らが商売上手だ、といわれる大きな理由の一つとなっている。

智慧がある

年長者は、若者に比べて、肉体的には太刀打ちできないかもしれないが、その代わりに経験からくる智慧を持っている。

ところで、老獪《ろうかい》という言葉がある。この語は「経験を積んでいて、非常に悪賢い」ことを指しているが、必ずしも、悪巧《わるだく》みをするとか、悪事を重ねることではなく、悪いことに対し頭が働き、知恵が回る、つまり、人から騙されないような人のことだと思う。多くの経験を積んだベテランのビジネスマンに、そんな老獪な人物を多く見かける。

それに関して最近アメリカの友人から聞いた実話である。


身なりのいいユダヤ人の老人が、ニューヨークの大手市中銀行の融資係長のところに行った。これからイスラエルに2週間、旅行をするので、今すぐ5千ドル（約50万円）を貸してほしいと申し出たのだ。係長は、貸し付けてもいいが、担保がどうしても必要だと答えた。

そこでユダヤ人は、銀行の前に停めている、新車のフェラーリの鍵を差し出した。係長は、その車の名義が彼であることを確認した後、借用書にサインをもらい、5000ドルを貸し付けた。早速、担当の行員に、その車を銀行の地下にある駐車場に入れさせた。

彼が立ち去ると、これを係長から聞いた支店長は、25万ドル（約2500万円）もする高級車で、たった5000ドル（約50万円）のローンとは、いかにも不釣合いなので、腹を抱えての大笑いである。

やがて2週間経ち、そのユダヤ人が戻ってきて、借り入れた5000ドルと、その間の金利の15ドル41セント（約1600円）を、即座に現金で支払った。そこで係長が不審に思って聞いた。

「今回、お取引いただいて、大変嬉しいのですが、お聞きしたいことがございます。ご旅行をなさっている間に、お客様の身元をお調べしましたところ、億万長者だと知って非常に驚いております。そのような方が、なぜ今回、当行にわずか5000ドルの借り入れをなさったのでしょうか？」

ユダヤ人は答えた。

「物騒なニューヨーク市内で、2週間も盗まれずに、たった15ドル41セントで、どこが私の高級車を預かってくれると思いますか？」

▼この話は、倹約の精神を持ち、利に敏《さと》くなければ、彼ほどの億万長者になれないことを、物語ってくれる。

汽車に乗った男が、前に座っている、年取ったユダヤ人の仕草に驚いた。自分の帽子の中に指を突っ込んでは、何かを取り出し、窓の外へあちこちへと蒔くような動きをしている。ところが帽子の中には、何も入っていない。不思議に思った男は、老人に聞いた。

「すみませんが、何をしているんですか?」

「この中にトラを追い払う粉末が入っていますので、汽車の回りに散布してトラを追い払っているんだ」

「しかし、このあたりは何千マイルも、周りにトラなんかいませんよ!」

「ほら、私の粉末が、どんなに効果があがっているかお分かりでしょう」

(拙著『頭がよくなるユダヤ人ジョーク集』より)

次のアメリカのジョークは、英語の「魚(fish)」以外に「だまされやすい人」を意味することを念頭に入れてほしい。

死海といえば、アラビア半島の北西部に位置し、西側にイスラエル、東側はヨルダンに接する。魚が住めないほど塩分濃度が高い塩湖として名高い。その湖畔で1人のイスラエル老人が魚を釣っていた。魚がいないはずなのに、なぜ釣っているのかと、不思議に思ったアメリカ人観光客が、彼のバケツの中を覗き込んで聞いた。

「今日、何匹釣れたんですか？」

老人は答えた。

「あなたで7匹目です」

15世紀の後半に、悪名高いスペインの宗教裁判所が設けられたときのことだ。そこは、見かけだけキリスト教に改宗したユダヤ人、つまり「かくれユダヤ人」を取り締まるところで、その裁判の進め方は厳格を極め、判決も残酷であった。嫌疑をかけられた者は、激しい拷問にかけられ、自白を強いられた。罪状に応じて鞭打ちや投獄といった刑を科せられたのはまだいい方で、公開で火あぶりの刑に処されることもあったほど、彼らは想像を絶する厳しい迫害を受けた。

その結果、何千人ものユダヤ人が殺害され、生き残ったものは、すべて国外に追放された。その数は10万から20万人にも上ったと言われる。これを背景にした次のような笑い話がある。


この宗教裁判所の裁判官が、ある日突然、町中のユダヤ人を広場に全部集めて、その指導者の長老に言った。

「帽子の中に2枚の紙切れを入れた。一つには『生』と書いてあり、他の一枚には『死』とある。『死』と書いた方を引いたら、きみたち全員を死刑に処す」

しかし老獪な長老は、その両方の紙切れに、「死」と書かれていることをうすうす感じ取って、帽子の中の紙切れを一枚抜くなり、何が書かれているか一瞥《いちべつ》もしないで飲み込んでしまった。驚いた裁判官は、

「なんということをするんだ！　それでは、紙切れに何が書いているか分から

ないじゃないか」

と怒鳴った。そこで彼は答えた。

「それは問題ありません。帽子の中の紙切れを見てください。それに『生』と書いてあるなら、飲み込んだのは明らかに『死』です。でも、それに『死』と書いてあったら、私が飲み込んだのは、『生』なのですから」

と答えて、ユダヤ人全員が危うく死を免れた。

（拙著『頭がよくなるユダヤ人ジョーク集』より）


イスラエルのエルサレムで年取ったユダヤ人と若いユダヤ人がバスに乗り合わせていた。若いユダヤ人が聞いた。

「すみませんが、今、何時でしょうか？」

老人が返事をしないので、今一度聞いた。

「恐れ入りますが、今、何時でしょうか？」

それでも老人は答えない。

「すみません。何度もお聞きして申し訳ありませんが、時間がどうしても知りたいのです。なぜ教えていただけないんでしょうか？」

老人はやっと答えた。

「次がこの路線の終点で、一緒に降ります。私はあなたと面識はなく、赤の他人です。しかしユダヤ人の習慣に従って、あなたを我が家に招待しなければなりません。あなたはなかなかの美男子と見受けます。一方、私の娘は美人です。そこで2人は恋に落ちて、あなたは結婚したくなるでしょう。一体誰が、腕時計の1つすらない婿を持ちたいでしょうか？」

▼話の先回りをする老人の想像力には驚かされる。

80歳のユダヤ人ゴールドスタインは、リボンを長年売っている腕利《うでき》きのセールスマンだ。ところが、ニューヨークの大手百貨店だけが、どうしても買ってくれない。そこのバイヤーがユダヤ人嫌いなのだ。

いよいよゴールドスタインは、近く退職するので、最後の試みとして、勇気を出してバイヤーの所に売り込みに行った。

「最後のお願いです。近く退職しますので、どうかリボンの注文を下さい」

バイヤーは不憫に思ったのか、言った。

「じゃ、注文を出すから、お前の鼻の先からムスコの先までのリボンを送ってくれ」

3日後、リボンを満載した4台のトラックが百貨店に着いた。腰を抜かさんばかりに驚いたバイヤーは、ゴールドスタインを呼びつけて、怒鳴った。

「鼻の先からムスコの先までのリボンと注文したのに、一体どういうわけだ！」

ゴールドスタインは答えた。

「私のムスコの先はポーランドに置いてきました」
▼ゴールドスタインはポーランドからの移民である。ユダヤ人は生後間もなく割礼《かつれい》をする風習があり、その包皮をポーランドに残してきた。そこで同国からニューヨークまでの距離のリボンを届けた。

ゴルフ場で青年がゴルフを始めようとしたところ、1人の老人がやってきて、一緒にプレーさせてほしいと頼んだ。青年は、老人が年を取っているので、プレーの進行が遅くなることを心配しながら快諾した。ゴルフを始めると、意外にも老人の動作は緩慢でなく、ドライバーは150ヤードしか飛ばなかったものの、フェアウエイでは、素早く打っていた。

10ホール目に入ると、青年はラフの中に打ち込んで、グリーンまでの間に高い松の木が立ちはだかっていた。そこで老人は助け舟を出した。

「僕があなたの年頃には、あの木の上を軽く飛び越して、グリーンに乗せたものだよ」

そこで青年は負けじ、とフルスイングをしたところ、ボールは松の幹に当たり、跳ね返って20ヤード後ろに転がった。それを見て取った老人は付け加えた。

「もちろん、その時はあの松の木の高さは3メートルしかなかったよ」

ある賢い老人が中学校近くの家を買った。初めの数週間は定年後の生活を静かに過ごすことができた。ところが新学期が始まると、毎週平日の午後になると、決まったように学校帰りの3人の生徒がドラムを大きく叩いて、安静な生活が送れなくなった。

そこで、彼は3人に向かって、

「僕が若い頃は同じようにドラムを叩いたものだ。君たちは大した腕だから、毎日叩いてくれたら1ドル（約100円）あげるよ」

喜んだ中学生たちは毎日、叩き続けた。しかしその数日後、老人は不機嫌な顔をして、彼らに言った。

「頼みの年金の支払いが遅れているので、今後は25セント（約25円）しかあげられないよ」

少年たちは、

「たった25セントとはとんでもないよ！　もう引き受けるのは止めた！」

それ以降、老人は静かに過ごすことができるようになった。

▼一日、1ドルの味をしめると、少額の25セントでは満足できなくなる。老齢者は悪さもする。これはアメリカの実話である。

老夫婦が郊外のスーパーで買い物をした。スーパーから出てくると、巡査が車に駐車違反の切符を切っている。近づいた2人は、巡査に懇願した。

「どうか老齢者を大目に見てあげてくださいませんか？」

巡査は彼らを無視して、切符を書き続けたので、夫が、

「バカな巡査だなあ！」

と言ったところ、タイヤがパンクしかかっていたので、巡査は2枚目の切符を書き始めた。そこで、夫が、

「このクソ巡査野郎！」

と怒鳴ったら、怒った巡査は腹いせに3枚目の切符を切って、フロント・グラスに張りつけた。そこへ待っていたバスがやって来たので、夫婦は乗り込んだ。

▼交通違反の切符を切られていた車は、老夫婦の車でなかった。

年取った医者が引退して、医師になった孫が診療所を引き継いだ。その後、久しぶりに会った孫が、自慢げに話した。

「おじいちゃん、30年間も消化不良で通っていたスミス夫人を覚えていますか？　彼女に薬を処方したところ、完治しましたよ」

祖父はうめくように嘆いた。

「その消化不良で、君の大学と医学校の経費を工面したんだよ！」

▼祖父は意図的に完治させずに、長い間、引き伸ばして診療費を稼いでいた。

頑固である

「頑固おやじ」という表現があるように、人は年を取ると頑固になりがちである。

人の言うことを聞かない、頑として自己主張に固執するなど、頑固さは「おやじ」と結び付けられているように、老人によく見られる性癖だ。

その典型がメジャーリーグの審判ではないかと思う。メジャーリーグの試合を見ていると、誤審の多いことに驚く。しかも、どんな激しい抗議を受けても、審判は毅然《きぜん》たる態度で受け付けず、有無を言わせずに一度下した判定を覆さない。審判が絶対的な権限を持ち、それを行使する。打者が主審の判定に抗議をしたり、抗議のあまりバットやヘルメットを投げ出しただけでも、退場を容赦なく受ける。その誤審によって、試合の流れが大きく左右されることが少なくないのだ。

日米間の審判で、最も際立つ違いはこの「退場」の判定ではないかと思う。アメリカの審判は、私たちから見ると問題にならないような抗議でも、指1本を高く掲げて、「アウト!」と叫んで、頑として退場させる。

日本の審判が抗議を受けて急遽全員集まり、長時間にわたって鳩首《きゅうしゅ》相談をしたり、ましてや、後から場内放送で判定結果を説明したりするのは、メジャーリーグならば、審判の権威と威厳にかかわるだけに、とても信じられないことであろう。

　また日本の場合、投手や野手の交代を監督が主審に告げるとき、主審の方から監督に向かって歩いて聞くことが多いが、メジャーリーグでは監督の方が、主審に近づいて告げる。主審は厳然として立ったままである。

　審判の権威と頑固さは、ブルース・フレミング抜きでは語れないだろう。彼は弱冠18歳で審判になっただけでなく、メジャーリーグ最年長の68歳2カ月、しかもリーグ最長記録となる、実に37シーズンも勤めたことで有名である。

　フレミングは、頑固で毅然とした態度を取ることから多くの話題を呼んでいる。例えば、マイナーで審判の駆け出しだった頃、監督や選手でなく、球場のアナウンサーが彼の判定を批判したので、球場から退場させたことで名高い。またメジャーリーグに昇格した初年度で、フィラデルフィア・フィリーズの選手を1試合で4人も退場させたという逸話が残されている。

　さらに強打者バリー・ボンズ選手がまだ駆け出しの頃、フレミングは一塁審を勤めていたにもかかわらず、ボンズが主審を蔑視《べっし》するような振る舞いをしたので、イニング間にわざわざ彼を注意しに行ったという。

その彼も、後進に道を開くため、2007年シーズンを最後に68歳で引退し、長い審判生活に終止符を打った。フレミングの花道を飾るため、MLBは2007年のオールスター・ゲームの栄《は》えある主審を務めさせる、心憎い演出をしたのである。名誉ある野球殿堂入りも間近いといわれている。

審判について、こんな笑い話がある。


地獄にいる悪魔が、天国の神様に野球の試合を挑戦した。神様は、「お前には勝ち目がないよ。オレのところには、ベーブ・ルースやジョー・ディマジオがいるからね」

と言うと、悪魔は答えた。

「オレのところには審判がいるよ」

▼ベーブ・ルースとジョー・ディマジオは、ともにヤンキースの不朽の名選手である。

しかし、この頑固さも度を過ぎると、かえって身のためにならない。頑迷固陋《がんめいころう》という言葉がある。これは「頑固で考え方に柔軟さを欠き、物事の道理が分らない」ことを意味するが、これを表す笑い話がある。

狭い路地を逆に走っている2台の車が鉢合わせをした。どちらの運転手も頑固な老人で、いずれもバックして道を譲ろうとしない。お互いににらみ合っている内に、その1人が新聞を取り出して、読み始めた。すると一方の運転手が、相手に丁寧に聞いた。

「新聞をお読みになりましたら、私にその新聞を貸して下さいませんか？　読みますから」

▼どちらも、「鳴かないなら、鳴くまで待とうホトトギス」を決め込んでいる。

一徹な老女

しかし頑固であることは、諸刃《もろは》の剣《つるぎ》であると思う。「老いの一徹」とけなされる一方で、「一徹者」として、思い込んだら、あくまで自分の考えを押し通して成功する人もいる。その典型は、最近80歳で他界したアメリカのムリエル・シーベルト女史ではないかと思う。彼女は、女性として初めて、世界最大のニューヨーク証券取引所の会員になり、10年間唯一の女性会員だったことで有名である。

その会員になるために涙ぐましい努力があり、それは一徹の信念がなければ、到底実現できないものだった。当時のニューヨーク証券取引所は、メン・オンリーの女人禁制の場所で、彼女は会員入会を何度申請しても、むげに断られてきた。

加入に必要なスポンサーは、10人目にやっと得たが、会員になるには44万5000ドル（約4500万円）が必要であり、銀行は、彼女の会員加入を取引所が承諾しなければ貸し付けないという。2年後の1967年にやっと加入を認められ、融資を得て加入したが、1365人の男性会員の内、女性はわずか彼女1人だった。

加入してからも困ったのは、証券取引所7階にある食堂の横に、女性用トイレがないことだ。用を足すのに、階下にいちいち降りなければならない。そこで取引所の理事長に、女性用トイレを設けなければ、携帯用トイレを持ち込むと脅して、やっと設置させたという武勇伝が残っている。

このような彼女の強固な信念と長年の努力によって、保守的で閉鎖的だった証券取引所が女性にも開放されるようになった。まさに一徹さが、成功を収めた好例である。

孫煩悩

育児や教育について　子供を非常に可愛がる人を「子煩悩《こぼんのう》」、別称「親ばか」

とか「バカ親」と称している。先日、ある著名なテレビタレントの息子が、窃盗の疑いで逮捕された。そのことを聞かれた彼は、息子が拘留されたにもかかわらず、「息子の無罪を信じない親がいますか」と反論したが、これは「親ばか」の典型ではないだろうか。

それに輪をかけたのが「孫煩悩《まごぼんのう》」である。孫ができた祖父母は、実子よりも孫が可愛いという。例えば母親が叱りつけると、やたらと子を弁護する。また子供をすぐに膝の上に乗せたがり、喜んで孫を散歩に連れ出す。人によっては、子供ができずに、いきなり孫ができたらいいとさえ言う。

これはユダヤ人のジョークである。マイク・ライアンはハイテク会社の重役である。出張先の会合で、へとへとに疲れた彼は、帰途の飛行機の中で、これからゆっくり休もうとしていた。その矢先、彼の隣に座った　ユダヤ人の老女が声をかけてきた。

「私はデブラ・レビーです。これからニューヨークにいる、3歳の孫の誕生祝いに行くところなの。彼が生まれた時は、かわいい子ちゃんだったわ。それがどう、今では3歳にもなって、信じられないほど可愛いのよ。彼の写真があると思うわ。あった、あった、布の中に。見てごらん！　左の頬のえくぼがとっても素敵でしょう。一日中眺めても飽きないわ。電話をかけて、可愛い声で『おばぁちゃん！』と言われると、涙が出るのよ」

2時間も立て続けにしゃべったので、彼女は気にしたのか、申し訳なげに言った。

「おしゃべりばかりして、すみません。あなたに少しもしゃべらせなくて、ごめんなさいね。それはそうと、私の孫について、どうお考えでしょうか？」

孫馬鹿について、こんなジョークもある。

孫は、神が祖父母に与えた最大の贈り物だ。

完全な愛とは、孫が初めて生まれて知るものである。（イギリス・ウェールズ地方の諺）

孫と1時間過ごすと若返るが、その後は急に年を取る。

▼子供は「寝たら天使で、起きたら悪魔だ」という。

また、川柳にも多くある。（いずれも『シルバー川柳』）

孫来りゃ　爺婆　どこへやら

爺ちゃんの　熱い語りに　孫あくび

映る電話　ひ孫の笑顔　寿命伸び

第5章

若返るには

「長生きをする秘訣は、2つの人生を送ることだ。最初は60歳までであり、次はさらなる30年である」と名言を吐いたのは、「広告の父」と呼ばれたイギリスのデイビッド・オグルビーである。確かに60歳は、一般的に人生の大きな転換期であり、次の30年は、自らの力で工夫して人生を開拓し、エンジョイしなければならない。

また先に触れた、「定年は愚かな人にとっては監獄だが、賢人にとっては天国だ」というアメリカの諺を適切に表現している。もっといいことが起こることを期待して拱手傍観《きょうしゅぼうかん》せずに、毎日を有意義に、しかもハッピーに暮らすように自助努力すべきなのだ。

それには、どうすればよいのだろうか。これを大別すれば、精神と肉体の活動を刺激し活発化させることにあると思う。それに触れながら、関連するジョークを紹介していきたい。

1　精神的活動の活発化

定年後の悩み

定年後、毎日、テレビばかり観て、なんらの努力をしないと、様々な身体的、精神的弊害が起こる。イギリスの学者、メリー・ピータソンが調べた結果によれば、定年退職によって、40％がうつ病に、その他の病気には、60％が少なくとも1つにかかるという。さらに米ベントレー大学のダバル・デーブ助教授が、アメリカ人1万2000人を対象に調査したところによれば、定年後6年以内では、高血圧、心臓病、脳溢血、関節炎などにかかる率が高かったという。

その原因として様々な理由が挙げられているが、中でも精神的及び社会的刺激の少なさが要因とされている。現役として働いていた頃は、社会的にも肉体的にも活発に活動できた。だが、定年後は孤独に陥り、刺激が減って精神的障害につながりやすく、自分の健康についても気配りしなくなる。

経済的な理由からジャンク・フードを食べて寝転がり、かつて通っていたジムを退会したり、病院に行くことも、おろそかになる。では、これを克服するには、どうすればいいのだろうか。

同じ趣味を利用する

精神的活動を活発化するには、他人から刺激を受ける社会活動を積極的に行い、社会との関わりを取り戻すか、あるいは増やすことが、有効な方法とされている。それには様々な手段があろう。

音楽好きなら、コーラス・グループに入って、歌うことで生き生きとした生活をする。また、ダンスや写真の同好会、歴史サークル、あるいは野鳥の会に加入したり、ボランティア活動をするなど、他人からの刺激を受けるようにする。

「類は友を呼ぶ」という言葉があるが、同じ趣味や興味で知り合って、いろんな人と接触するのは大きな手助けになる。

私事になるが、私の両親は熱心な「野鳥の会」のメンバーだった。当初は、家の庭木の枝に好きなエサ（通常、ラード）を吊って、小鳥をおびき寄せて楽しんでいたが、自動車の爆音が増えるにつれ、鳥が来ないようになった。やむなく山奥に逃げ込んだ野鳥を求めて、60歳から登山を始め、日本百名山を踏破するまでになった。

両親は英語が決して達者だとは言えないが、アメリカを観光で訪問したときのことだ。同国の野鳥の会（Audubon協会、オーデュボン）のツテを伝《つた》って、アメリカ各地を巡ることにした。

その州の電話帳記載のオーデュボン会員に電話をかけると、実費（ガソリン代）でサンクチュアリ（自然保護区）を案内してくれる親切さなのだ。驚いたのは、野鳥のサンクチュアリは日本と違って、はるかに広大な地域が、国営や財団法人の所有でなく、私有であることだった。金持ちが寄贈しているのだ。

さらにフロリダの海岸で、フラミンゴを見るために訪れた時のことである。夜明け前の早朝に行かなければ、フラミンゴが見られない。そんな朝早くから集まるのは、殊勝な心がけを持っている、同好の士《し》ならではのことである。そこで出会った人たちは同じ趣味なので、すっかりお互いにうち溶け合い、帰国後も手紙のやり取りをするほどになった。

また、音楽でも外国人との仲を結びつける実話がある。私の知人が学者と国際結婚をして、アメリカの学園都市に移り住んだ。彼女は日本人なので、アメリカ人の知り合いが少なく、近所付き合いをどうするかを悩んでいた。

幸い彼女の取り柄は、ピアノが得意なことだった。音楽は言葉がうまく通じなくても、言語の壁を乗り越えて、人々をお互いに楽々と結びつける強い力を持っている。コミュニケートすることが、言葉だけで可能だったなら、音楽が生まれる必要はなかったと言われている。

彼女が近所の人たちと、音楽の話題を取り上げているうちに、音楽愛好家の輪が増え、それを通じて友達が多くできるようになった。そこで分かったのは、彼らの中にバイオリンやチェロ、バスを弾く人がいることで、やがてお互いに意気投合をして、彼女の家に週1回集まり、四重奏の演奏会を定期的に催すようになったのだ。また、それを聞きに来る人も出てきて、友人が雪だるま式に増え、彼女はアメリカ社会にすっかり溶け込めるようになった。

さらに、自転車に乗るのが趣味なら、それを利用し楽しむのもいいと思う。先般、ある新聞の投書欄に、71歳の男が、定年後にマウンテン・バイクを始め、単独でカナダ西部のバンクーバーから東部のトロントまでを80日間かけて走り抜けた、涙ぐましい体験談が載っていた。

テント泊で自炊し、道中出合った人たちはみんな親切だったという。キャンプ場で知り合った2人の若者は、彼の誕生日を一緒に祝ってくれた。また自転車修理のため、往復30キロの道を、自転車修理屋まで案内してくれた親切な男性がいた。さらにスーパーの前で、トマトをかじっていたら、「何かに使ってくれ」と、20ドルを差し出したおばさんがいたなどと、日本では得られないような貴重な体験を数々している。

途中でテントのポールが折れたり、7回もパンクしたが、病気1つせずに完走できたという。その彼の感想が、とても印象に残る。

「71歳でもまだまだやれる。達成感は格別だ」

また、平均年齢78歳の高齢者11人が2013年から10年かけて中国西安から、イタリアのローマまでの1万5000キロを、自転車で走破する「ツール・ド・シルクロード10年計画」というグループがある。1000キロ前後を計10区間に分け、1区間ずつ走破して途中で休みを長く取り、東京オリンピック終了後の2022年に、ローマに到着するという気が遠くなるような話だ。しかし、高齢をものともせずに、それに挑戦する勇気と気概は見上げたものである。

ここで定年について、賢人が残した金言をいくつか紹介しよう。


定年退職とは、言語において最も醜悪な言葉である。（アーネスト・ヘミングウェイの名言）

現役時代に懸命に働いた人よりも、定年は多くの死者をもたらす。

コストがかかった、自分の経験が売れるなら、定年後、悠々自適できるだろう。

退職後、最も難問なのは、どうやってお金を使わずに時間を過ごすかである。

定年とは、精神的圧迫もなければ、ストレスもなく、心痛もない。ただし、ゴルフをプレーしていなければの話だが……。

中には勇気づけられる言葉もある。

引退したのは仕事からであって、人生からではない。

好奇心を持つ

珍しい物事や未知の事柄に強い関心を寄せるのは、非常に大切なことだ。興味や関心を持つと、様々な疑問が湧いてきて、その物事の本質や真髄を見極めようとする。そこで本を読んだり、物を書くことになる。

米ラッシュ大学のロバート・ウィルソン博士の研究によれば、このように脳を活発化させて働きをよくすることは、認知症を防止することはできないものの、少なくとも、その進行度を遅らせることは可能だとしている。彼が脳を活発化させている人と、しなかった人を比較したところ、前者が15％も遅くなっていることが判明した。

さらに好奇心は、どんなに年を取っても、精神、ひいては肉体を若々しくさせる上でも、とても重要だ。肉体的に衰えると、どうしても家にひきこもりがちとなり、行動力が低下する。だが好奇心は、新しい物事にチャレンジし、実行しようとする意欲を掻き立ててくれる。

ユダヤ人の諺に「人は、自分の好奇心を満たすためのみに、生きるべきだ」とあり、これを適確に表現している。彼らは、人の一生は好奇心さえ追求すればいいという。それによって自己の知的向上や精神的進歩ができる上、若返りが可能となるのである。

パソコンを利用せよ

脳を活発化させるには、本を読んだり、その筋の権威に聞いたりして学ぶこともできる。だが、最近ではインターネットという極めて便利な手段があり、その普及によって、ホームページでいろんな情報や知識を手軽に、しかも迅速に得られる。

私はパソコンを「小さな悪魔」と呼んでいる。この小さな機械の中に、恐るべき無限の知恵と可能性が秘められているからだ。例えば、アメリカ一流紙のすべての記事、例えば政治や社会、スポーツなどの出来事や事件が、その日に見られ、しかも無料ときている。

また、専門的な問題も様々なホームページで、どんなことでも調べることが可能であり、10年前に比べれば格段に便利になった。こんなに重宝なものなのだから、進んで利用すべきなのだ。それによって知識や知恵が身につき、賢くなる。また好奇心から疑問を抱くと、これがさらに連鎖反応を起こして、新たな疑問を呼ぶ。

それを究明して回答を得ているうちに、その道に長けて、頭角を現すことができる。例えば、何らかの仕事やテーマを持っていると、好奇心はその人が従事し、あるいは関心を持つ分野の知識や技能を格段に向上させる。

もちろん、パソコンは万能ではない。それについてジョークがある。

上司のジョークに対して、ゴマすりの「もらい笑い」をできるようになるまでは、パソコンは、人間に取って代わることはない。

▼ゴマすりは世渡りに必要だが、パソコンにはできない。

パソコンの日本人セールスマンが、ロシアのある市役所に売り込みに行った。担当者はパソコンを導入すると、職員が削減されるのではないかと恐れ、躊躇

していた。そこでセールスマンは言った。
「恐れることは、なんらありません。どこの日本メーカーも、仕事を何もせずに、遊んでいるパソコンを作っていませんから」
▼ロシアの官僚が仕事をサボっていることを皮肉っている。

語学を学ぶ

このような好奇心を満たす上で、グローバルに見聞を広めて知識を増やし、知恵を磨くには、語学、中でも世界共通語の英語を習得することが有力な方法である。海外旅行をするにしても、海外移住を試みるにしても、欧米だけでなく、豪州や東南アジアでも英語力が必要だ。言葉が通じなければ、現地人との交流が満足に行われないので、滞在を十分にエンジョイできないだろう。

バイリンガルになることは、日常生活の上で便利だけでなく、健康上のメリットも多く指摘されている。2013年、カナダ・ヨーク大学の脳科学者、エレン・ビアリストック博士が研究したところ、バイリンガルで、毎日、違う言葉を使う人は、1つの言語しか知らない人に比べて、痴呆症やアルツハイマー症にかかるのを、約4年も遅らせる効果があったという。

その原因として考えられるのは、一つ以上の言語を使うことで、脳への血液循環が増え、神経系統間の接続が高まることだとする。特に実行機能を持つ脳の前《ぜん》頭葉《とうよう》の能力が高まるという。前頭葉は、より良い行動の選択や、物事の類似点や相違点の判断をつかさどる機能を持つ。もちろん、認知症を完全に予防できるわけではないが、少なくとも遅らせることは事実のようだ。

60歳を過ぎて、語学をマスターするのは遅過ぎると、決して諦めてはいけないと思う。何も、今更高額な授業料を払ったり、高いCDを買わなくてもできる方法はいくつもある。

その手頃な方法の1つは、メジャーリーグの実況放送を副音声の英語で聴くことだ。メジャーリーグの実況放送でコメンテーターが話す英語は、一見、早口で難解のようだが、歯切れがよく、発音は極めて明確で聞きやすい。しかもよく聞いていると、聞き慣れたカタカナ野球英語が頻繁に出てくる。

幸いなことに、日本の野球はアメリカから輸入されているため、日本で使う野球用語はアメリカと共通しているものが多い。例えば基本的なストライク、ボール、アウト、セーフ、フライ、ダブルプレーのほか、投手用語のカーブ、スライダー、チェンジアップなど、そのままアメリカで数多く使われているので、とても聞きやすい。

私たちにこのような野球用語の予備知識があるのは、大きな利点である。それを利用すれば、実況放送が理解しやすくなる。たとえ名詞間の動詞や述語が分からなくても、自分が知っている断片的な英単語をつなぎ合わせれば、大筋の見当がつくのだ。

また英語習得の上で、便利なインターネットを利用しない手はないと思う。筆者は朝一番、パソコンを開いて、外国主要新聞の英語サイトで、その日のニュースを見ることを日課にしている。愛用しているのは、ＢＢＣのホームページだ。というのは、イギリス国内の話題に限らずに、アメリカをはじめ中近東や中国についても、万遍なく公平に扱っているからである。興味深い話題が多いので、これを見ることで結構英語の勉強になる。

筆者が利用しているソフトウエアは、英語の単語の上にマウスを当てると和訳が出てくる。いちいち辞書を引く手間が省けて、読み続けられ、英語力向上に大変役立つ。

いずれにしても英語をマスターすることは、地道な努力さえすれば可能なのだ。ここで思い出すのは、次のジョークである。

バイオリンを抱えた少女が、音楽の殿堂、カーネギー・ホールに行こうとして、道に迷い、道端に立っている老人に聞いた。

〝How can I get to Carnegie Hall?（カーネギー・ホールに行くにはどうしたらいいの？）〟

老人は答えた。

〝Practice! Practice! Practice!（練習だ！　練習だ！　練習だ！）〟

▼オチは、〝get to〟が「行く」と「成就する」の2つの意味を兼ねた語呂《ごろ》合わせだ。

このように、英語をマスターするコツは、先の老人が言ったように、練習に次ぐ練習と復習なのである。

さらに、語学に関するジョークをいくつか紹介しよう。

アメリカ・ニュー・メキシコ州でスペイン語しか話せない強盗が、銀行から大金を強奪して逃げたが、保安官とその助手が追跡の末、やっと捕まえた。保安官はスペイン語が話せないので、話せる助手に、大金をどこに隠したかを、聞けと言う。強盗はスペイン語で、

「全然知りません」

と答えたのを、訳して伝えた。

そこで保安官は、ピストルを強盗の頭にくっつけて、

「どこにあるか、言わなければぶっ放すぞ！」

と叫んだ。その訳を聞いた強盗は、流石にひるんで、

「あの公園の大木の切り株の中に隠しています」

と白状したので、保安官が、

「何と言ったの？」

と聞くと、助手は答えた。

「男らしく死にたいので早く殺してくれ、と言っています」
▼大金のありかを知った助手は、それを独り占めにしようとしている。

単身訪米中の日本の大学教授が、ニューヨークからシカゴへ汽車に乗ろうとして、切符売りの窓口で、

「ツー・シカゴ（To Chicago.）」

と頼んだら2枚出てきたので、通じなかったと思い、

「フォア・シカゴ（For Chicago.）」

と言い直したところ、今度は4枚差し出された。教授は考えあぐねて、

「ええと……」とつぶやいたら、8枚出てきた。

▼〝To〟を〝Two〟、〝For〟を〝Four〟、「ええと」を〝Eight〟と取り間違えた。

ニューヨークを初めて訪問した日本人商社マンが、ホテルのコーヒー・ショップで朝食を取るため、カウンターに座った。オーダーをしようとしたら、彼の横にいた白人が、ウエートレスに向かって、

〝Danish!（デーニッシュ）〟

と言った。その横にいた別の白人が、

〝English!（イングリッシュ）〟と言ったので、商社マンは彼女に、

〝Japanese!（ジャパニーズ）〟

と、叫んでしまった。

▼実は、〝Danish〟は「デンマーク人」でなく、〝Danish pastry〟デーニッシュ・ペストリー〈一種の菓子パン〉〟の略であり、English もまた「英国人」でなく、〝English muffin〈小型の丸パン〉〟の略なのだ。彼らはそれを注文し

たまでで、何も自分の国籍を言ったわけではなかった。

ところで、このEnglish muffinは横にスライスしてトーストし、バターの上に蜂蜜やジャムを塗って食べると実においしい。そのジョークを1つ。

訪米中のイギリス人夫妻が、これを注文したところ、カウンターの後ろにいたウエーターが台所に向かって、

〝Two toasted English!〟

と言ったのでびっくりした。

▼「イギリス人を2人焼いてくれ!」と取った。

どこへでも海外旅行

さらに好奇心を満たす有力な手段は、海外旅行をすることだと思う。好きな時に、好きな所へ旅行できるのは、シルバーの特権である。

一昔前に比べれば、海外旅行は随分安くなったものだ。かつて海外旅行は高値のため、庶民にとって高根の花だった。ところが日本の国際化が進むにつれ、最近では多くの旅行代理店が、競い合うようにして格安旅行を提供し始めている。例えば、パッケージ・ツアーで、香港は3日間、ホテルと食事、往復航空券込みで約3万5000円、北京も5日間、同条件で約3万2000円だ。国内旅行で旅館を利用するのと、変わらないほどの安値である。その上、シルバー割引を付けているパックすらある。

わが国のある学者が「外国は自分の鏡である」と名言を吐いた。外国に行くと、何事も自分の国の実情や文化と比較するものだ。世の中は相対的だから、その長所や短所をどうしても比べることになる。訪問国の風土や文化の違いや、変わった食べ物から多くの刺激を受ける。

刺激を受けることは、高齢者にとって精神的にも肉体的にも励まされ、非常にプラスになる。その上、「百聞は一見に如かず」というように、実際に見ると、今まで想像したのと全く違うことが多い。これで知識が増え、見聞が広がる。ユダヤ人は諺で「よく旅をする人は、知識が豊富だ」と、その効果を適確に表現している。世界は驚きに満ちており、海外旅行をすると、予想外の出来事に遭遇するものだ。次は筆者の経験談である。

ニューヨーク訪問の際、好きなメジャーリーグを観戦するため、待望のヤンキー・スタジアムに行った。そこの売店でビールを買おうとしたら、売り子が、「ニューヨーク市法定の年齢21歳以上である証明書を見せろ」と言う。びっくりした私は、盗難を恐れてパスポートをホテルに置いてきたので、髪がめっきり薄くなった頭を指さして、

「これが21歳未満に見えますか？」

と言っても、

「規則だからダメだ！」

と頑として言い張るのだ。

ところが、そこが親切なアメリカ人である。後ろに立っていた見知らぬ男が、途方に暮れている私を見て、

「じゃ僕が代わりに買ってあげよう」

と言って、代金を渡すと、ビールのコップを手渡してくれた。この出来事から、ニューヨークに思わぬ規則があり、それを忠実に守る人がいるだけでなく、アメリカ人の親切心を改めて知ったのである。

これに関連した私の失敗談がある。

野球好きな私は、訪米する度に、その地のメジャーリーグの試合を見ることにしている。というのは、その豪快なプレーもさることながら、毛色の変わった多くの人間を、一堂に介して見られるからだ。

筆者が大失敗したのは、かつて野茂英雄がドジャースで活躍していた頃、彼を応援するため、ロサンジェルスのドジャー・スタジアムの一塁側の内野席に陣取った。ところが対戦相手サンフランシスコ・ジャイアンツの強打者バリー・ボンズがホームランを打つと、前に座っている客が大手を広げてはしゃいでいるではないか。その時、初めて間違った席に座っていることに気付いたのである。

一塁側のダッグアウトは必ずしもホームチームでない。日本ではダッグアウトは、ホームチームは一塁側、ビジターは三塁側と決まっているが、メジャーリーグの球場は、そうではないのだ。

大まかに言って、東海岸のホームチームのダッグアウトは一塁側（ただしトロントだけは三塁側）なのに対し、西海岸は三塁側だが、シアトル・マリナーズとテキサス・レンジャーズ、ヒューストン・アストローズだけは一塁側である。

アメリカ中部の球場となるとまちまちで、ミネソタ・ツインズやカンザス・シティ・ロイヤルズが一塁側かと思えば、デトロイト・タイガースやクリーブランド・インデイアンズ、シカゴ・ホワイト・ソックスは三塁側である。ビジターのダッグアウトが一塁側なのは、30球場中11もあるのだ。もし、メジャーリーグを現地で観戦するチャンスがあれば、私のような失敗を繰り返さないよう、これを念頭に入れてほしいと思う。

ここで野球に関するジョークを1つ……。

90歳になるサムとモーは無二の親友で、2人とも大の野球好きである。ところがサムが臨終を迎えるので、モーが最後の別れを告げに行った。そこで、モーがサムに頼んだ。

「サムよ、お願いがあるんだ。あの世に行ったら、野球をやっているかを知らせてくれないか？」

数日後、モーが熟睡していると、遠くから「モー！」と叫ぶ声が聞こえてきた。驚いたモーが起き上がって、

「誰だ？」

と聞くと、

「サムだ！　今天国にいるよ。いい知らせと悪い知らせの両方があるんだ」

「じゃ先にいい知らせを聞かせてくれ」

「天国では野球をやっているよ」

「それは素晴らしいね！　では、悪い知らせは？」

「今度の火曜日に、お前が投手として登板する番なんだ」
▼近くモーが天国に召される。

外国文化を理解できないと、とんでもない誤訳が出ることがある。

その好例で傑作なのは、「〝Gulf station〟で会いましょう」という小説中の一文を、「〝gulf(湾)〟近くの〝station(駅)〟で会いましょう」と和訳したことだ。ところが、〝Gulf〟は「著名なガソリンのブランド名」であり、また〝station〟は「駅」ではなく「ガソリン・スタンド」なのだ。「ガルフを販売しているガソリン・スタンドで会いましょう」を意味している。

海外旅行をすると、土地に不慣れだったり、言語が通じないため、多くの失敗談がある。

日本人がアメリカに旅行して戸惑うのは、日本にその習慣がないせいか、チップ、特にその額であるが、通常の相場は、請求額の15～20％である。これはニューヨークに長らく住んでいる日本人商社マンから聞いた話だ。

ニューヨークのタクシー運転手は、無愛想なことで悪名高い。チップを渡して少ないと「これっぽちかい！」と怒鳴られた上に、つっ返される。普通の額であれば、「サンキュー」とも言わずに、押し黙っている。少し多めに渡すと、やっと口を開いて「サンキュー」だ。たっぷり出せば、笑顔で「サンキュー・ベリー・マッチ！」と言う。

ところが「サンキュー・ベリー・マッチ・サー！」と敬称の〝サー（Sir）〟を付けられて、心から感謝されていると思ったら、とんでもない見当違いだ。この言葉は、彼らが予想外の高額をもらって、「こんなに多く渡すお前さんは、カモだ」を意味するという。

次はアメリカの日本人に関するジョークだ。

日本人の観光客がニューヨークを訪れ、帰国の途につくため、飛行場までタクシーに乗った。その間、ホンダの自動車が追い越すと、窓から体を乗り出して叫んだ。

「ホンダだ！　早いね、メイド・イン・ジャパンだ！」

しばらくして、今度はトヨタの車が追い越すと、同じように叫んだ。

「トヨタだ！　早いね、メイド・イン・ジャパンだ！」

さらに三菱の車に追い抜かれると、再度叫んだ。

「三菱だ！　早いね、メイド・イン・ジャパンだ！」

タクシーの運転手は、あまりにもしつこいので頭にきていたが、黙っていた。

飛行場に着くと、料金は70ドル（約7000円）である。びっくりした日本人が、

「わあ！　とても高いよ！」

と言うと、運転士は言い返した。

「メーターだ！　早いね、これもメイド・イン・ジャパンだ！」

▼日本人は日本製の車を自慢したがる。

2　肉体的活動の活発化

健康を維持する――高血圧と糖尿病

「命あっての物種」とはよく言ったものである。何事も生きていればこそできる。長生きをすれば、様々な出来事や経験に出会うことが可能だ。死んでは、なんにもならないのである。

老齢者が病院に行って、まず聞かれる二大質問は、「血圧は高いですか？」と「糖尿の気はありますか？」だと思う。それほど、これらの症状は重病へと進行する前兆なのである。

まず高血圧は、いろんな病気を引き起こす。日本の高血圧患者は4000万人に上るといわれている。医者の診察の手始めは、血圧計で患者の血圧を計る。上の血圧が140以上か、下の血圧が90以上であれば、要注意と言われる。

血圧が関与する病気の代表格が、脳の血管が高い圧力に耐えられず、破れてしまます「脳出血」。もう1つは高い圧力に耐えられるように血管の壁が分厚く硬くなってしまう「動脈硬化」だ。

高い血圧で血管の壁が傷つくと、内部に油分のコレステロールが入り込み、通り道はさらに狭くなる。狭いので血圧がさらに上がるという悪循環が起きる。血液が流れにくくなったり、詰まって起こる病気が「脳梗塞」や「心筋梗塞」である。

高血圧には肥満や飲酒も影響するが、日本人の場合、食べ物の塩分が大きな原因とされている。塩分を摂り過ぎると、血液に含まれる塩分の濃度が濃くなるため、これを薄めるのに水分を取り込むことで血液の量が増えて、血管が耐えられなくなるのだ。

日本人は、塩分を1日11～12グラム取っているといわれるが、ガイドラインは、これを6グラムに減らすことを勧めている。それには塩分の多いもの、例えば漬物や塩辛、梅干しを極力控えることが大切である。さらに忘れてはならないのは、塩の化学成分は、塩化ナトリウムなので、ナトリウムを含む「うま味調味料（化学調味料）」の摂取も極力減らすことを心掛けなければならない。

高血圧のジョークを披露しよう。

新たにやってきた患者の顔が赤ばんでるので、医師が、

「高血圧ですね。血圧が高いのは、父親の方か、それとも母親の方の家系からでしょうか？」

と聞くと、彼は答えた。

「どっちでもありません。妻の方からです」

「どうして奥さんの家系なのでしょうか？」

患者は答えた。

「先生、彼らに会ったら、よく分かりますよ！」

▼患者を興奮させて血圧が上がるような親族が多くいる。

次は実話である。

60台の男が医師に定期健診をしてもらった。医師が男の血圧を計ったところ、「ずいぶん高いですね。じゃ血圧を下げる薬をあげましょう」

その数か月後、男が再び医師の所へ赴いて、血圧を調べたら、まったく正常である。

「よかったですね。差し上げた薬が効きましたよ」

患者は答えた。

「でも先生、実は、頂いた血圧の薬は飲んでいないんです」

▼ことさら薬を飲まなくても、自然に快癒する。ありそうな話だ。

医者が患者に尋ねた。

「ずいぶん長いことお見えになっていませんが、他の医者にかかっていたんですか？」

「いいえ、かかっていません。薬局にだけ通っていました」

「そんな非常識なことはしてはいけませんよ。薬剤師は医師でなく、彼らの言うことは当てになりません。ところで薬剤師は、どんな馬鹿げたアドバイスをしたんですか？」

患者は答えた。

「あなたの所へ行きなさい、と言われました」

肥満は万病のもと

中高年を悩ますのは肥満である。俗に「太っ腹」という表現がある。「度量が大きく、こせつかず、豪快な気風」と、いい意味に取られているが、太った腹は健康上は決して良くないようである。

わが国では、肥満は糖尿病、高血圧、脳血管障害、虚血性心疾患などの重要な危険分子とされている。アメリカでも、2013年8月、コロンビア大学のライアン・マスターズ氏が、40歳から85歳までの人を対象に行った調査によれば、アメリカ人の5人に1人（約18％）の死因は、体重過多、あるいは肥満によるものという。

アメリカ人の約3分の1は、健康体重と目される基準より15キロも重く、これが2型糖尿病と心臓病、一部の癌や他の病気を引き起こしやすいとされている。アメリカ人と日本人では体格差はあろうが、肥満が健康を阻害することは確かだから、用心しなければならない。

日本の肥満の基準は、アメリカと同様、BMI（Body Mass Index の略）に基づいている。BMIとは、体重（kg）÷身長（m）÷身長（m）である。日本の肥満の基準は欧米に比べて厳しく、その数値が18・5以上、25未満であれば肥満と目されるが、アメリカでは25以上を肥満としている。

注目すべきは、2013年、ロバート・ウッド・ジョンソン財団が、アメリカでは所得差にも肥満率の違いが表れていると発表したことだ。年間収入5万ドル（約500万円）を得ている人の肥満率が25・2％であるのに比べて、年間2万5000ドル（約250万円）の人は31％に上るという。これは生活環境や食べ物などの違いに起因するようだ。

米国医師会が、「肥満」を「病気」だと規定づけているほど健康のために肥満は無視できない。その対策として勧められているのが減量である。その方法は様々あって、一般的に行われているのは、ダイエットだ。これは、肥満防止や解消のために取り組む、「食事療法」や「減量を目的とする食生活」を意味する。

この方法は、摂取カロリーや摂取成分を管理することだ。それには高血圧に対する塩分制限、高脂血症における脂分制限などがあり、疾病防止と予防、それに治療効果の向上を目的としている。

アメリカ人によく見られるのが、菜食主義者、いわゆるベジタリアンである。彼らは肉系の食べ物は一切口にしない。それは一種の新興宗教に似ているのではないかと思うほど、徹底している。

私のアメリカ人の友人に、熱心なベジタリアンがいて、肉どころか、その産物である牛乳すらも摂らないのだ。その理由を聞くと、牛乳は牛のような大きな動物には適しているが、それよりも小柄な人間には適さず、様々な障害を生じさせるからだという。

ダイエットをしなければならないと知りつつも、実行するのは決してやさしくない。綾小路きみまろは、シルバー・ダイエットの努力を、

「中高年のダイエット。やせたねと言わせるつもりが、やつれたね」

と巧みに表現している。

また、こんなアメリカのジョークもある。

ファストフード店に入ろうとした婦人に、物貰いが声をかけた。

「奥さん！　1週間も食べてないんです」

彼女は驚いて言った。

「すごいわね！　あなたのような強い意志が欲しいわ」

そこでダイエットの金言を、いくつか披露しよう。

2週間、ダイエット続けたが、失ったのは体重でなく14日だけだった。

ダイエットを始めた2日目は、初日よりもやさしい。なぜなら、それを止めるからだ。

女性のダイエットは病院で始まるのではなく、ドレス店の着替え室で始まる。

ダイエットとは食べ物の如何を注意して見守ることだが、見守るのは、喉から手が出るほど食べたい物だ。

ベストセラーはクック・ブックだが、次によく売れるのはダイエットの本だ。

中世期には拷問の手段として、ギロチンや鞭、鎖があったが、今では風呂場の体重計である。

食べ物はセックスのようなものだ。禁欲をすると、最悪の食べ物でもよく見えるようになる。

こんな奇妙な食べ方をするのはアメリカ人だけだ……ダブル・チーズバーガーとフレンチ・フライの大盛りを食べて、その後でダイエット・コーラを飲む。

これは毒舌で鳴らした、文豪ジョージ・バーナード・ショーの言葉だ。

「どんなにダイエットをしても、体から脂肪分を除去することはできない。なぜなら、脳ミソは脂肪からできているからだ。脳ミソがなくても、スマートに見えるかもしれないが、政治家に立候補するしか生きる道がない」

▼能無しの政治家が多くいることを皮肉っている。

このようにダイエットは「言うは易く、行うは難《かた》し」なのである。

大事な食事の取り方

フリオ・フランコは、メジャーリーグで驚異の26年間、49歳までプレーし、最年長の記録を持つ野球選手である。彼は、私たちにもなじみ深い選手である。かつてロッテ・マリーンズで大活躍し、バットを頭の上に高く掲げ、その先を投手に向けた、あの独特の打撃スタイルは懐かしい。

フランコは、2007年5月にホームランを打って、48歳8カ月で最年長記録を更新しただけでなく、最年長者として満塁ホームランを1ゲームで2本打ち、さらに1ゲームで2盗塁という輝かしい記録も持っている。まさに驚異的な能力の持ち主なのである。

しかし、年には勝てず2008年5月、ついに引退を宣言した時、フランコは

50歳だったが、本当は54歳だったといわれている。

年を取っても元気で活躍できたのは、彼なりの独特の生活パターンがあったからだ。フランコは、日に5、6回も食事を摂ることで有名である。朝食は、通常16個以上の卵白を主体にして調理し、それに炒《いた》めたホウレン草やピーマンなどを加えて食べる。

このように異常ともいえるほど多量の卵白にこだわるのにはわけがある。卵黄を避けるのは、コレステロールを多く含んでいるからだ。一方、卵白は、たんぱく質アルブミンから成る。これは、体内物質の保持と運搬に大いに役立ち、激しい運動をするスポーツ選手にとって、極めて重要な機能を持っている。

彼の人生モットーはシンプルで、「よく食べ、よく働き、よく休め（Eat well, work hard, get proper rest.）」と、年長者にとって、極めて説得力がある。

減量には適当な運動

ダイエット以外に減量する方法として勧められているのは、体脂肪を燃焼させる運動であり、一般的なのはジョギングだ。年配者は、ことさら過激なジョギングをしなくても、毎日繰り返す軽いウォーキングだけでも十分だという。にもかかわらず、街角で懸命にジョギングをしている年配者をよく見かける。

ここでジョギングに関する笑い話を紹介する。

キップ・ラガトはケニア生まれで、アメリカ国籍の著名な、中距離ランナーである。彼が、

「なぜ、ケニアは多くの優れたランナーを輩出するのか？」

と聞かれて答えた。

「それは道路標識です。『ライオンに注意！』と書いてあるからです」

次は実話だとされている。

イギリスの元首相、トニー・ブレアは首相在任当時、ランニングをすることが日課だった。警護の必要性から、夜明け前の暗いうちに走っていた。官邸近くを走っていると、道端に夜の女が立っていた。薄暗いので彼女にはそれがブレア首相であることが分からない。彼が通り過ぎると、

「50ポンド（約1万円）よ！」

と声をかけたので、彼は冗談半分で答えた。

「5ポンド（約1000円）だ！」

翌朝、走ると同じ女が、

「50ポンドよ！」

と叫ぶと、彼も同じように言った。

「5ポンドだ！」

このような繰り返しが1週間続いた後、彼の妻のシェリーが、走りたいと言うので、一緒に走ったところ、その同じ夜の女の前を通り過ぎると、彼女が叫んだ。

「ほら見てごらん！　5ポンドでは、そんな女しか買えないでしょう！」

ウォーキングのメリット

過度のジョギングは、老齢者に危険であるとされている。そこで勧められているのがウォーキングであり、人が歩く数は、通常1日5500歩だとされているが、それを1日1万歩に増やしさえすればよいという。

2013年、ロンドン大学とハーバード大などが行った共同研究によれば、定期的に軽い運動を続けると、心臓病や脳卒中の予防に、治療薬を飲むのと同様の効果があると指摘されている。そのために、1日に30分程度、毎日続ければよいようだ。何も連続的に30分続けなくても、細切《こまぎ》れに15分間の2回に分けてもよいといわれている。

また同年、アメリカがん協会（ACS）が、閉経後の女性７３０００人を対象とした調査によれば、１日に１時間、ウォーキングを続けている女性は、それを行っていない人に比べて、14％も乳がんにかかるリスクが低くなるという。

ウォーキングは、これ以外に肉体と精神的に様々なメリットがあることが指摘されている。歩く運動によって血行がよくなり、心臓や肺機能を強化し、その上、下半身の筋肉が鍛えられる。またウォーキングは、体内脂肪を燃焼させるので、減量効果がある。それと相まって、ストレッチやスクワットなどの軽い筋トレをすれば、その効果がもっと上がるとされている。

精神的にも良い効果があり、多福感をもたらす神経伝達物質で、脳内麻薬とよばれるエンドルフィンの分泌を促すようだ。これによって気分が高揚し、爽快になるメリット（いわゆる「ランナーズ・ハイ」）がある。憂鬱になったり、落ち込んでいるときに、気分転換させ、人生に生き甲斐を感じさせてくれるのだ。それほどウォーキングは、健康に役立つのである。

ウォーキングは手頃で簡単な運動であり、買い物をするときや、犬の散歩に合わせることができて、気分転換にもなる。ちょっとした工夫と努力で、いろんな方法がある。例えば、バスの停留場を一つ手前で降りて歩くとか、エレベーターを使わずに、階段を上るなどだ。ともかく、必ず朝一《あさいち》にウォーキングをするとか、欠かさずに日課にすることである。

ウォーキングに関する笑い話をいくつか紹介しよう。

祖父が所得税を長らく滞納しているので、催促に来た役所の係員に孫が答えた。

「おじいちゃんは、60歳の頃から、毎日3キロ歩くのを日課にしていますが、97歳になった現在、今どこにいるのか分からないんです」

▼居留守を使う祖父をかばう、うまい言い訳だ。

次は、かつて世界で最も愉快なジョークといわれた話である。

仲の良い年配の2人が、郊外の山林にウォーキングに出かけた。その1人が突然卒倒し、白目をむいて息をしていないようだ。あわてた友人は、携帯電話で緊急通報用電話（アメリカでは〝911〟）をかけて、叫んだ。

「友人が死んだようです。どうしたらいいでしょうか？」

オペレーターは、パニック状態になっている相手をなだめるため、言った。

「助けてあげますから落ち着きなさい。お友達は確かに死んでいるんですね。まず確かめてください」

男は確かめに行ったようだ。しばらくすると、つながったままの携帯から、バーンという大きな音が聞こえた。戻ってきた男は、息詰まりながら言った。

「確かに死んでいます。どうしたらいいでしょうか？」
▼男はピストルで、友人にとどめを刺したのだ。

結び

ここで結びとして、中高年者を励ます、心温かい実話をいくつか紹介したい。

一路専心のイチロー

イチローの最大の特徴は、常に最高のプレーを見せるため、徹底した自己管理と節制を一貫して励行する、そのプロ意識である。

2013年8月21日、イチローこと鈴木一朗は、日米通算4000本安打の輝かしい金字塔を打ち立てたが、その裏には彼の並外れた努力がある。イチローが、2001年にメジャーリーグのシアトル・マリナーズに移籍してから十数年間、故障者リストに入ったのは、2009年第2回WBCの疲労からの胃潰瘍による、開幕時の一度きりなのだ。

そのような驚異的ともいえる体調の維持には、怪我をしないよう普段からの調整を心がけているからである。そのことを、

「プロ野球の選手は、怪我をしてから治す人がほとんどだ。しかし大切なのは、怪我をしないよう普段から調整することであり、怪我をしてからでは遅い」

と、適切に述べている。

球場入りの時刻、それに練習の手順までの行動を一定化している。実際に、起床から就寝まで、ほぼ同じ行動パターンを繰り返しており、自ら決めた日課は一日も欠かさずにこなす。テレビで報じられたが、遠征時には、ホテルの部屋に持ち込んだ「足裏マッサージ機」を黙々と踏み、試合開始の約4時間前には必ず球場に入り、入念なストレッチを欠かさない。また、怪我しやすいヘッド・スライディングは、帰塁時を除いては一切しない。

故障を避けるため、あらゆる努力を惜しまないのである。そのような用心深さ

と地道な努力があったからこそ、プロ野球に身を投じてから22年間も、驚異的な好成績につながっているのだ。

メジャーリーグに、〝Five-tool player（ファイブ・ツール・プレイヤー、ツール＝道具）〟と呼ばれる能力の極めて高い選手がいる。打率が高く、長打力もあり、走塁に長け、守備も巧みな、5拍子揃った選手を指す。これに該当するメジャーリーガーは極めて少ない。

日本では「走攻守」の「三拍子そろった選手」というが、それに長打力と送球の巧みさが加えられて「五拍子」となる。イチローはホームランも数多く打っており、あの2007年の第78回オールスター戦での、オールスター史上初となるランニング・ホームランは、未だに脳裏を去ることがない。また「レーザー・ビーム」と定評のある送球は正確であり、彼は、まさしく「五拍子」プレイヤーにふさわしい名選手なのである。

驚異的な女性スイマー

２０１３年9月2日、世界を驚かせたのは、64歳の女性スイマー、ダイアナ・ナイアドがキューバのハバナからフロリダのキー・ウエストまでの全長１７７キロを、２日2晩の53時間をかけて泳ぎ抜いたことだ。これはサメ除けの檻《おり》なしに、史上初めて成し遂げられた偉業である。

流れが速く、サメが群がり、クラゲに刺される危険な水域を、単独で泳ぎ抜いたのは、まさに驚異的だった。途中で支援の船から食事を定期的に摂ったものの、海から離れることはなかった。

ナイアドは「鉄の意志の持ち主」と謳われており、それは5回目の試みだった。1回目は35年前、１９７８年の28歳の時であり、その後、２０１１年~２０１２年に3回試みている。成就できなかったのは、ぜんそくの発作が起きたことと、クラゲにひどく刺されたからだった。

それでもあきらめずに、その間、筋トレをはじめ、多くの練習と準備を積み重ねている。ハドソン川とイースト・リバーに囲まれたマンハッタン島を8時間かけて一周したほか、バハマ諸島からフロリダ州までの163キロを泳いだ。この経験から、クラゲ対策に特殊なシリコン・マスクをわざわざ工夫して作り、今回の快挙を成し遂げるためにかぶった。

しかしそのような普段からの身体的準備もさることながら、何よりも彼女の精神力の強さ、すなわち、必ず成功させるという、強固な意志と自信がこの偉業を導いたのだ。

35年後に、やっと積年の願いをかなえた後の、彼女の次の言葉は極めて印象的で、老齢者に大きな勇気を与えてくれる。

「どんなことがあっても、決してギブアップするな（Never, ever give up.）。年を取っても、夢は必ず実現できる」

勇気づけるエピソード

ここで最後の締めくくりに、作家、久木綾子《ひさぎあやこ》が、最近、朝日新聞（2013年8月27日付）に語った老齢者を勇気づける言葉を紹介したい。

久木氏は、1919年生まれの96歳（2015年現在）だが、処女作が2008年、「89歳の新人作家」として取り上げられた、遅咲きの作家である。彼女は2013年の春以降、自分の日常生活を意図的に昼間から反転させて、午後11時から翌日の午前5時まで執筆している。その間、時間がキラキラした水みたいに流れると言い、付け加えた。

「書いている間の私は、無限大、無尽蔵の時間を持っている感覚になり、もう死なんて訪れないように思うんです」

彼女は、若い人にも、自分が生き生きする目標を見出して、自分に必要な質の良い時間を選んで過ごしてもらいたいと助言する。そこで長寿の彼女が、記者に、

「人生の残り時間は？」

と聞かれて、誠に含蓄に富んだ答えをしている。

「考えませんね。少なくとも後2冊の小説を書きたい。前途洋洋ですよ」

２０１３年、総務省が行った統計によると、総人口に占める65歳以上の高齢者人口の割合は、同年9月15日時点で25％に達し、４人に１人が高齢者となる。これは第１次ベビーブームに当たる１９４８年生まれの人が65歳になったのが要因だという。

東京五輪が開催される２０２０年には、この高齢者の割合が3割に達する。それまでに、様々な予想外の事件や出来事が起こることだろう。五輪の開催を楽しみにして、シルバーはユーモア精神を忘れずに、強い自信と大きな誇りを持ちつつ、懸命に生き抜けるべきだと思う。そのために、先の人たちの経験と名言は、高齢者にとって明るい希望と、力強い励みを与えてくれるのだ。

烏賀陽正弘（うがや・まさひろ）

京都大学法学部卒業。幼少期をニューヨークと中国で過ごす。東レ（株）に入社後、国際ビジネス業務に従事して広く活躍し、そのために訪問した国は100カ国超にのぼる。海外より帰任後、同社マーケティング開発室長を経て独立し、現在、国際ビジネス・コーディネーター、著述家、翻訳家として活躍中。

著書には『男だけの英語』『ここがおかしい日本人英語』（以上、日本経済新聞社）、『読むだけで英語に強くなる』（潮出版社）、『ユダヤ人金儲けの知恵』（ダイヤモンド社）、『ユダヤ人ならこう考える！』、『超常識のメジャーリーグ論』、『頭がよくなるユダヤ人ジョーク集』（以上、PHP新書）『ユダヤ人の「考える力」』（PHP研究所）、『必ず役立つ！「○○の法則」事典』(PHP文庫)など。

訳書に『これから10年、新黄金時代の日本』、『世界潮流の読み方』、『変わる世界、立ち遅れる日本』（いずれもビル・エモット著、PHP新書）、『毛沢東は生きている』（フィリップ・パン著、PHP研究所）がある。

シルバー・ジョーク
笑う〈顔〉には福来る

2015年11月20日　初版第1刷印刷
2015年11月30日　初版第1刷発行

著　者 ―――― 烏賀陽正弘
発行者 ―――― 森下紀夫
発行所 ―――― 論創社
〒101-0051　東京都千代田区神田神保町2-23　北井ビル
tel. 03(3264)5254　fax. 03(3264)5232
振替口座 00160-1-155266　http://www.ronso.co.jp/

ブックデザイン ―― 奥定泰之
印刷・製本 ―――― 中央精版印刷

ISBN978-4-8460-1482-7

林芙美子 放浪記 復元版◉林芙美子
放浪記刊行史上初めての校訂復元版。震災文学の傑作が初版から八十年の時を経て、十五種の書誌を比較校合した緻密な校訂のもと、戦争と検閲による伏せ字のすべてを復元し、正字と歴史的仮名遣いで甦る。 本体 3,800 円

大菩薩峠【都新聞版】第一巻◉中里介山
大正 2 年から 10 年まで、のべ 1438 回にわたって連載された「大菩薩峠」を初出テキストで復刻（全九巻）。井川洗厓による挿絵も全て収録。第 1 巻には 150 回分を完全収録。 本体 3,200 円

「大菩薩峠」を都新聞で読む◉伊東祐吏
現在の単行本が「都新聞」連載時（1913 ～ 21）の三分の二に縮められた〈ダイジェスト版〉であることを発見した著者は、完全版にのっとった新しい「大菩薩峠」論を提唱する！ 本体 2,500 円

山本周五郎を読み直す◉多田武志
著者は〝9・11〟と〝対テロ戦争〟を契機として、周五郎の作品群へと向かい、「非暴力への確かな意志」を『青べか物語』『さぶ』『柳橋物語』等の主人公の中に、見出し、新たな山本文学を構想する。 本体 2,000 円

俳諧つれづれの記◉大野順一
芭蕉・蕪村・一茶 近世俳諧史の前・中・後の三期を代表する芭蕉・蕪村・一茶をつらねて、それぞれの個性の所在をさぐりながら、近世という時代の思想史的な変遷を跡づけてゆく。 本体 2,200 円

暮らしのなかの植物◉斎藤たま
人々の暮らしが自然とともにあった頃、大人たちは生きるために植物をとことん利用し、草花はいつも子どもたちの遊び相手だった。日本人の生活と植物の関わりを全国に訪ねる、豊かな聞き書き民俗誌。 本体 3,000 円

山 その日この人（上・下）◉斎藤一男
山学同志会をひきいて先端的登山を切り拓きつつ、自然と人間の豊かな交流を求めつづけてきた著者が、日本の登山文化の神髄を、登山史を解き明かしながら語りつくす。 本体各 2,800 円